超越
平凡的设计

海报招贴设计

李平平　邓兴兴◇著

清华大学出版社
北京

内容简介

本书通过简洁的文字阐述与理论引导，对海报招贴设计的特点、原理、思维方法、表现形式等多方面内容进行了系统阐释，旨在帮助读者熟练掌握海报招贴设计的方法，开阔读者的视野，启发读者的创作灵感，为其创作实践提供更多的借鉴。

本书甄选了众多名家名作、近年来国际获奖作品，以及贴近读者生活的精彩设计，并匹配了详尽的案例分析，旨在帮助读者高效解读其精彩之处，从而学习其中的设计思路与手法。

本书结构清晰完整，案例丰富精彩，语言简明易懂。既可作为高校艺术设计与广告专业的教材，又可作为艺术设计或广告设计的从业者与爱好者进行自我提升时的阅读材料。

本书封面贴有清华大学出版社防伪标签，无标签者不得销售。
版权所有，侵权必究。举报：010-62782989，beiqinquan@tup.tsinghua.edu.cn。

图书在版编目(CIP)数据

海报招贴设计 / 李平平 邓兴兴著. —北京：清华大学出版社，2021.9（2024.10 重印）
（超越平凡的设计）
ISBN 978-7-302-57587-0

Ⅰ. ①海… Ⅱ. ①李… ②邓… Ⅲ. ①宣传画 – 设计 Ⅳ. ① J218.1

中国版本图书馆 CIP 数据核字 (2021) 第 030074 号

责任编辑：陈立静
装帧设计：杨玉兰
责任校对：张文青
责任印制：丛怀宇

出版发行：清华大学出版社
网　　址：https://www.tup.com.cn，https://www.wqxuetang.com
地　　址：北京清华大学学研大厦 A 座　　**邮　编**：100084
社总机：010-83470000　　**邮　购**：010-62786544
投稿与读者服务：010-62776969，c-service@tup.tsinghua.edu.cn
质量反馈：010-62772015，zhiliang@tup.tsinghua.edu.cn
课件下载：https://www.tup.com.cn，010-62791865

印 装 者：小森印刷(北京)有限公司
经　　销：全国新华书店
开　　本：190mm×260mm　　**印　张**：12　　**字　数**：241 千字
版　　次：2021 年 9 月第 1 版　　**印　次**：2024 年 10 月第 8 次印刷
定　　价：69.80 元

产品编号：078221-01

PREFACE
前言

  本书是我们针对当前海报招贴设计教学的现状，结合自身认识和感受以及多年具体教学实践编写而成的。

  本书力求通过简洁的文字阐述、大量的图片案例及相应的赏析注解，对海报招贴设计的特点、原理、思维方法、表现形式等多方面内容进行系统阐释，旨在使读者熟练掌握海报招贴设计的方法，开阔读者的视野，启发读者的创作灵感，为其创作实践提供更多的借鉴。

  在案例选取上，我们用心甄选了众多名家名作、近年来国际获奖作品，以及贴近读者生活的精彩设计，每组案例均配有案例分析，旨在帮助读者高效解读其精彩之处，从而学习其中的设计思路与手法。

  本书在编写过程中，参考了众多资料，在此向各位相关作者致以诚挚的谢意与敬意。同时，感谢清华大学出版社对出书出版的支持。最后，希望本书能得到广大读者的喜爱，并恳请大家不吝指正。

作　者

目录 CONTENTS

第一章　海报招贴设计概论

1.1 ｜ 海报招贴的定义 \ 002

1.2 ｜ 招贴的起源与发展 \ 003

1.3 ｜ 招贴的分类 \ 006

1.4 ｜ 招贴的特点 \ 012

第二章　海报招贴设计的构成元素

2.1 ｜ 海报招贴的图形设计 \ 026

2.2 ｜ 海报招贴的文字设计 \ 032

2.3 ｜ 海报招贴的色彩设计 \ 038

第三章　海报招贴设计的版式构图

3.1 ｜ 构图的基本要素 \ 048

3.2 ｜ 构图的基本类型 \ 054

第四章　海报招贴设计的创意手法

4.1 | 形的分解与置换 \ 078

4.2 | 形的意念组合 \ 084

4.3 | 形的残缺与空白 \ 090

4.4 | 形的图底共生 \ 093

4.5 | 视错觉 \ 097

4.6 | 肖似形 \ 100

4.7 | 形的悖论结构与趣味空间 \ 104

第五章　海报招贴设计的创意思维

5.1 | 水平思维 \ 114

5.2 | 垂直思维 \ 120

5.3 | 发散思维 \ 124

第六章　海报招贴设计的表现形式

6.1 | 风格化 \ 136

6.2 | 过程化 \ 144

6.3 | 夸张化 \ 146

6.4 | 拟人化 \ 149

6.5 | 象征化 \ 152

6.6 | 发布环境 \ 155

第七章

海报招贴设计综合案例赏析 \ 161

参考文献 \ 186

扫码获取本章课件　扫码获取本章短视频

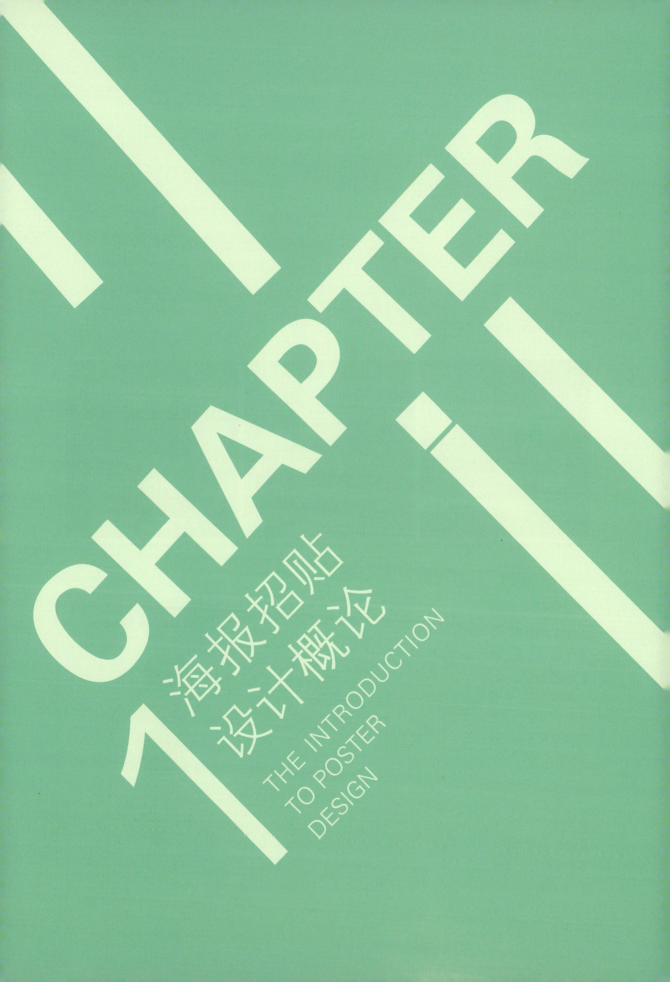

1.1 | 海报招贴的定义

招贴是视觉传达的表现形式之一，它通过版面各元素的构成，形成蕴含信息、富有审美性的图形，来吸引受众的关注与解读，最终达到传递信息、情感的目的。

招贴的英文名字是"poster"。在中文中，"招"即"吸引注意"，"贴"即"张贴"。顾名思义，这是为了"吸引注意而张贴"的一种信息载体，是广告的最古老形式之一，也是现代广告中使用最频繁、最广泛、最便利、最快捷、最经济的传播手段之一（如图1-1至1-2）。

海报是招贴的形式之一，这一名词起源于上海。旧时，海报是戏剧、电影的专用宣传招贴。演变至今，它已超脱戏剧演出招贴的范畴，成为影视产业营销的重要一环（如图1-3）。

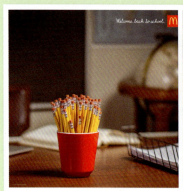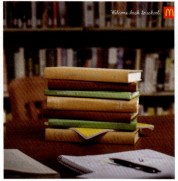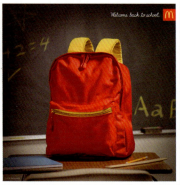

图1-1　商业招贴《开学季》

案例赏析

1. 招贴是最常见的广告形式之一，广泛出现于地铁、公交站、超市、写字楼等公共场所的广告橱窗或电子屏幕中。
2. 如图1-1，在这组麦当劳的商业招贴中，铅笔、书本、书包与薯条、汉堡包、饮料等麦当劳快餐食品的意象同构，使得该组招贴锁定的受众群——学生立即获得一种亲切感。

案例赏析

如图1-2，这幅Blick-am-Abend APP的商业招贴，将手机与啤酒杯的意象同构，以此切中"让你的手机更智能，带给你更多休闲时间"的产品卖点。

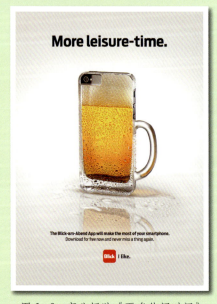

图1-2　商业招贴《更多休闲时间》

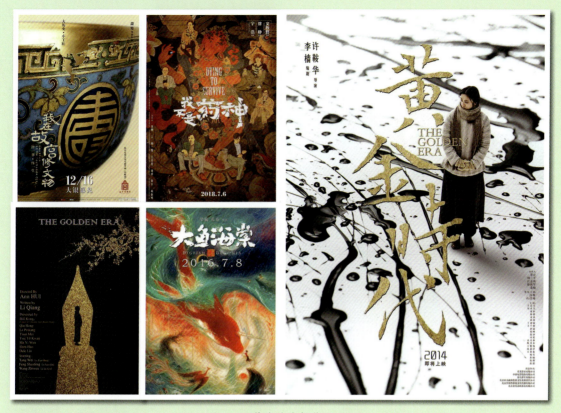

图 1-3 黄海的海报作品

1.2 | 招贴的起源与发展

招贴这种广而告之的信息传播载体，很早就出现于人类社会中。现存世界上最早的招贴，是在埃及古城底比斯遗址发现的一份3000年前写于纸莎草纸上的文字招贴，招贴主悬赏一个金币，捉拿逃跑的奴隶。

大约在1436年，德国的古登堡发明了西方的活字印刷术。在此之后，英国的印刷家威廉·凯克斯首先采用了印刷手段制作招贴，并将其张贴于伦敦的大街上和教堂门口，以向牧师兜售复活节用的教规书籍。从此，印刷形式的招贴开始流行。15世纪后半叶时，招贴是除了口头宣传外的唯一广告形式。

现存我国最早的印刷招贴，是11世纪（宋朝）山东济南刘家功夫针铺的一张印刷广告。印制这张广告的印刷用铜版陈列于中国历史博物馆内（如图1-4）。该铜版四寸见方，上面雕有"济南刘家功夫针铺"字样，中间是白兔抱铁杵捣药的插图，右边四字为"认门前白"，左边四字为"兔儿为记"，下部是说明产品质地和销售办法的七行二十八个字。这种印刷招贴可

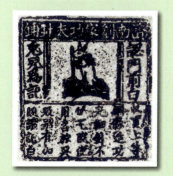

图 1-4 铜版拓图

兼作针的包装纸用，比威廉·凯克斯的印刷招贴早了约 400 年。

17 世纪，工业革命带来的工业化，使印刷成本大大降低，招贴广告随之进入发达时期，在促进生产、促销商品、普及教育和科学技术知识方面发挥了空前的作用。同时，工业革命带来的社会化大分工，使得印刷师不再兼任图形设计师，招贴设计成为一种独立的创造性专业。

18 世纪，许多适合招贴印刷的新字体产生，始爱奥尼亚体、透视体、哥德体、珍珠体等，招贴设计在美学上日趋完善。此外，还出现了数百种学科的符号系统，其中包括数学、天文、物理、化学、生物、地理、军事等方面，为现代招贴广告的诞生奠定了新的语言形式的基础。

19 世纪，随着技术的进一步发展，高速印刷形式替代了古登堡时代的手动印刷形式，招贴的印刷效率大幅提高。摄影术的出现及彩色石印技术的产生，使招贴成为大众传播的主要媒介。

1866 年，法国的朱尔斯·谢雷特制作出第一张彩色招贴，象征着现代招贴广告的诞生。1881 年，法国政府颁布新法规，鼓励出版自由，法国的街头成为招贴的海洋，招贴被当作美术作品欣赏。这一时期，新美术运动发展得如火如荼，对西方艺术发展产生了深远影响。新美术运动，使招贴在视读普及率上发展到了顶峰。作为法国新美术运动的主要人物，谢雷特、格拉赛、劳特累克、史太林、马查等人创造了众多极有影响力的招贴广告。特别是劳特累克，他的招贴画在当时被公认为世界一流的美术作品（如图 1-5）。

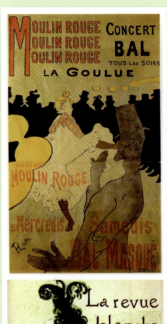
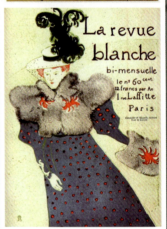

图 1-5 劳特累克的招贴作品

20 世纪，受立体派、未来派、分割派、构成派、超现实主义和表现主义的影响，招贴的表现形式有了较大变化，并且更注意商业功能。1918 年第一次世界大战，招贴被当作募捐和招兵的主要宣传工具，招贴设计师弗拉格将自己装扮成"山姆大叔"的形象，设计出一幅征兵广告（如图 1-6），该招贴印刷了 500 多万份，成为历史上印刷量最大的招贴。

第一次世界大战结束后，德国的包豪斯设计学院为现代招贴设计开辟了新的道路。拜尔作为包豪斯招贴设计的导师，受功能主义和构成主义的影响，在招贴上几乎全部采用无饰线字

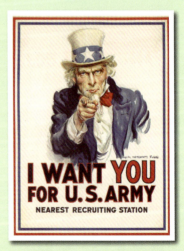

图 1-6 募兵招贴《山姆大叔要你参军》

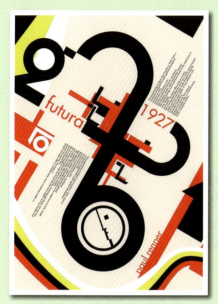

图1-7 包豪斯风格的招贴

体,并利用垂直线形式的构图,以条杆、嵌线、标点符号和方格来分割画面空间,形成拜尔式包豪斯招贴设计风格(如图1-7),这一风格影响了全球的招贴设计。

与此同时,美国由于未受第一次世界大战的直接影响,经济发展相对较快,招贴广告的发展超过了欧洲各国。美国人极其讲究实用,招贴从一开始就表现出强烈的商业倾向,重视商品信息的传达,表现手法既有写实主义或自然主义,又有抽象主义或象征主义。

1935至1939年的5年间,受罗斯福政府的政策鼓励,有近35万种招贴广告被印成20多亿张印刷品发行全美,这在招贴发展史上具有重要意义。许多画家、设计师加入这场招贴广告运动中,其题材包括戏剧、电影、美术、卫生与健康、打击犯罪活动、住房、教育等,招贴的画面效果十分强调艺术性与信息传播效果。

第二次世界大战,导致了大量的政治性招贴的产生,如美、英、苏等国家都出现了众多反纳粹、鼓励民众投入社会生产和抵抗战争的招贴(如图1-8)。战后一段时间,招贴则以和平题材多见。到20世纪50年代,招贴又开始高度重视商业功能(如图1-9),专业广告设计师的队伍越来越大。此时期的招贴,除采用以往惯用的写实主义绘画形式外,还较多采用了平面剪贴、漫画、超现实主义风格等表现形式。

20世纪60年代,传播某种社会观念的招贴被大量贴在公寓墙上,数量一度超过了街上的商业招贴。20世纪70年代,受社会思潮的震动,校园招贴开始兴起。

随着经济的发展,招贴作为广告的表现形式之一,不再是孤立的推销手段,而成为市场营

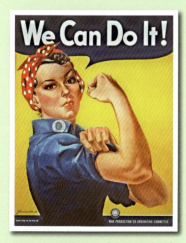

图1-8 宣传招贴《我们能做到》

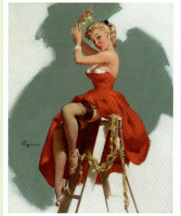
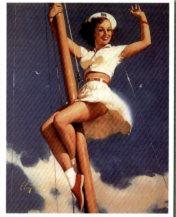

图1-9 吉尔·艾尔夫格兰的招贴作品

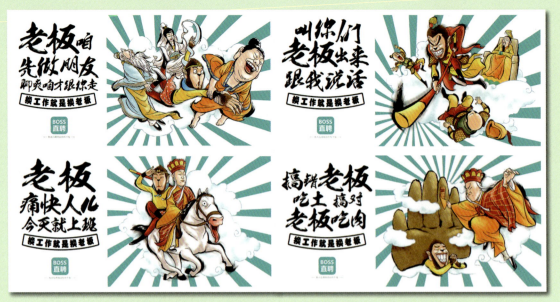

图1-10　商业招贴《换工作就是换老板》

案例赏析

1. 如图1-10，这组Boss直聘的商业招贴，无论是图形还是文案都极为精彩。
2. 当今时代，品牌的宣传营销方式是多种多样的，广告招贴、广告视频、自媒体软文、短视频、直播等须相互配合，最大限度地强化品牌印象、提高关注度与购买转化率。

销组合中的有机一环，发挥着越来越重要的作用（如图1-10）。

1.3 ｜ 招贴的分类

按照性质分类，招贴可分为商业招贴和公益招贴。狭义上讲，以营利为目的招贴，即为商业招贴，如我们常见的广告招贴（如图1-11至图1-12）；而不以营利为目的招贴，可被视为公益招贴，如以和平、环保、戒烟、交通安全、关注弱势群体、促进社会和谐等为主题的非营利性招贴（如图1-13至图1-16）。

按照目的分类，招贴可分为告知性招贴、竞争性招贴和提示性招贴。告知性招贴，是在产品或服务新上市，或政策、法规、理念等新出台时发布的招贴（如图1-17至图1-18）。

竞争性招贴，主要是强调某一品牌在同行业中脱颖而出的原因，或某一产品在同类产品竞争中的优势（如图1-19）。

提示性招贴也称维持性招贴。当某种产品或服务进入成熟期、已被广大消费者所熟知时，就需要提示性招贴来不断夯实消费者脑海中的品牌印象和产品印象（如图1-20），起到"时不时露个脸，保持脸熟"的作用（如图1-21至图1-24）。

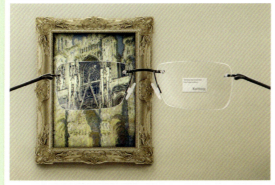
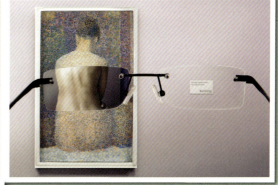

图1-11 商业招贴《把印象主义转为写实主义》

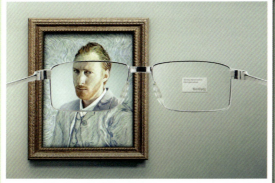

案例赏析

如图1-11，这组Keloptic眼镜的商业招贴，将印象派名画中的局部置换为清晰的摄影作品，幽默地展现了产品特点。

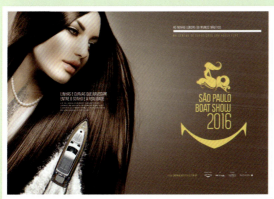
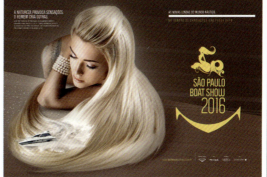

图1-12 商业招贴《香艇美人》

案例赏析

如图1-12，这组2016年圣保罗游艇展的商业招贴，将美人鱼柔顺优美的秀发与海浪同构。画面华贵、唯美，整体风格与产品定位非常切合。

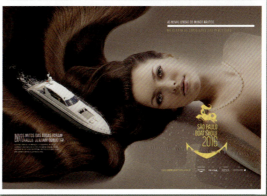

案例赏析

1. 电子产品的更新换代日益加速，对电子垃圾的不当处理，对环境造成了无法弥补的伤害。例如印度，在其每年产生的200万吨电子垃圾中，只有5%被回收利用，剩下的95%到了废品经销商手中，他们只是简单地拆除，提取能卖钱的部分，绝大部分直接丢弃。

2. 如图1-13，在这组Croma家电连锁店推出的回收旧电子产品的公益招贴中，大象、犀牛被埋在如海如山的电子垃圾下，画面看似夸张，但事实比我们看到的更严峻。提高电子产品的回收率、对电子垃圾进行妥善处理，已经迫在眉睫。

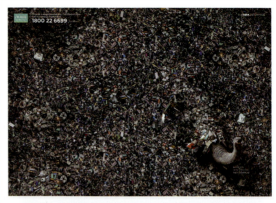
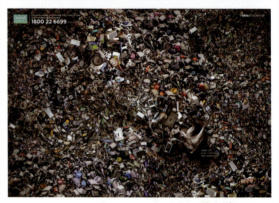

图1-13 公益招贴《要回收，还是要杀戮》

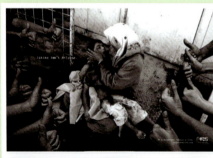
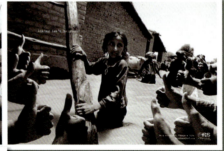
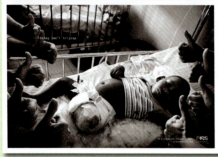

图1-14 公益招贴《光点赞有什么用》

案例赏析

如图1-14，这组新加坡救灾组织的公益招贴，将触目惊心的摄影画面和对比讽刺的构图手法相结合，获得了极大成功，摘得2013年戛纳广告节平面类金奖。自然灾害、战争、事故等各种天灾人祸每天都在发生，看完新闻报道后机械地、麻木地点个赞而不施以援手，这对于那些苦难中的人们没有任何实际帮助。

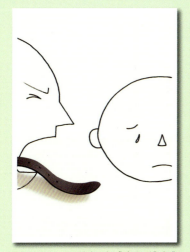

图 1-15　公益招贴《言语暴力》

案例赏析

如图 1-15，这幅公益招贴入围 2016 年德国 Mut zur Wut 国际海报设计竞赛 30 强。设计师将家长的舌头置换为皮带，形象地说明了言语暴力带给孩子的伤害。

案例赏析

如图 1-16，日本视觉设计大师福田繁雄为纪念第二次世界大战结束 30 周年而设计的这幅招贴作品，描绘了一颗子弹反向飞回枪管的画面，寓意发动战争者自食其果。该作品采用漫画般的表现形式，创造出简洁、诙谐、醒目的图形语言。

案例赏析

如图 1-17，这组企鹅出版集团为宣传旗下有声书产品而推出的商业招贴，荣获 2013 年夏纳广告节平面类金奖。莎士比亚、王尔德、马克·吐温被艺术化为耳机的形状，就好像这些伟大的作家在你耳边朗读他们的经典作品。

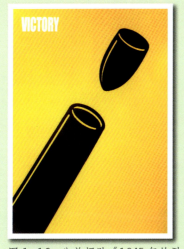

图 1-16　公益招贴《1945 年的胜利》

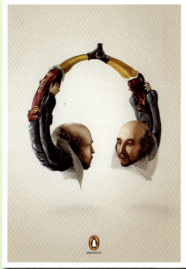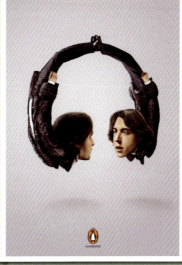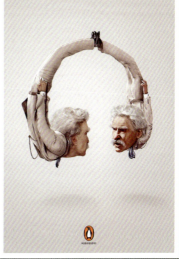

图 1-17　商业招贴《如作者在你耳边朗读》

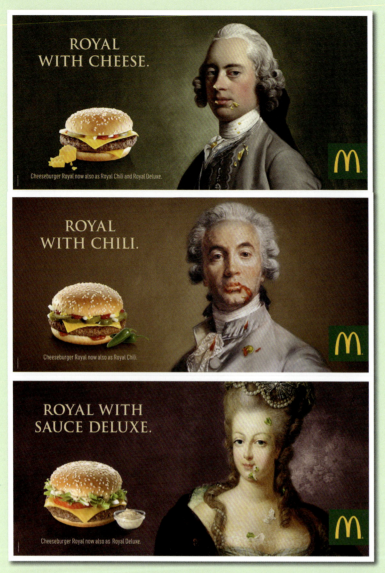

图1-18 商业招贴《至尊汉堡,大快朵颐》

案例赏析

如图1-18,这组麦当劳至尊汉堡的商业招贴,将名画风格与幽默的表述方式相结合。连国王、王后这些至尊人物都不顾形象地大快朵颐,由此彰显了该汉堡的至尊美味与品质。

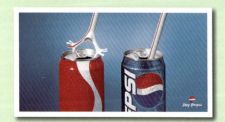

图1-19 商业招贴《我要百事可乐》

案例赏析

可口可乐与百事可乐是两大国际饮料巨头公司,百余年来,他们之间的竞争一直相当激烈。如图1-19所示的这幅百事可乐的商业招贴,以拟人化手法,幽默地展现了竞争主题。

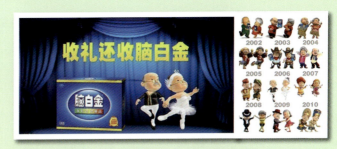

图 1-20　商业招贴《收礼只收脑白金》

案例赏析

1. 如图 1-20 所示，脑白金的商业招贴，绝对是提示性招贴的代表。从 2001 年起，不仅脑白金广告充斥于电视屏幕中，其招贴也铺天盖地占据了公交站广告牌等各种公共场所广告资源位置。"今年过节不收礼，收礼只收脑白金"的广告语，配合卡通人物的各种服饰造型，不断强化着脑白金在受众脑海中的品牌印象。

2. 脑白金以极短的时间迅速启动了市场，创造了十几亿元的销售奇迹，是营销领域的一个成功典范。这种以密集轰炸式广告为核心的本土化产品定位，被称为"脑白金式营销"。尽管它被批为"恶俗"，被评为"最差广告"之一，但这背后，却是对市场与人性的洞悉。

3. "最佳"广告，第二年就死掉了；"最差"广告，20 年后还活着。时间是检验广告效果的试金石。

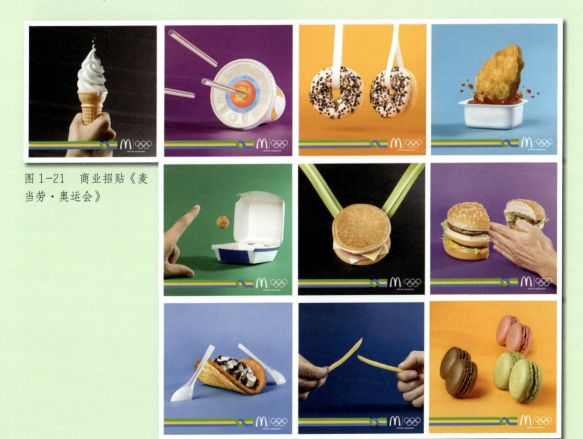

图 1-21　商业招贴《麦当劳·奥运会》

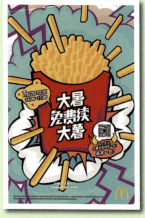 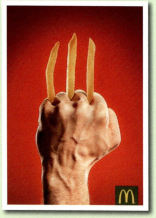 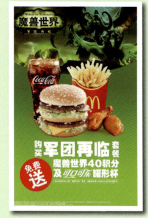

图 1-22　商业招贴《麦当劳·大暑》　　图 1-23　商业招贴《麦当劳·金刚狼》　　图 1-24　商业招贴《麦当劳·魔兽世界》

案例赏析

麦当劳也是"时不时露个脸，保持脸熟"的典型代表。奥运会、世界杯足球赛等重大赛事（如图 1-21），节日、节气（如图 1-22），热门电影（如图 1-23），热门游戏（如图 1-24），均是"露脸"的机会。

1.4 ｜招贴的特点

招贴作为通过视觉传达信息与情感的表现形式与传播载体，天然地具有传播性、可读性、互动性、审美性和针对性等特点。

其中，传播性是招贴的最本质特点与存在目的（如图 1-25 至图 1-26）。正因为招贴要将某种信息、理念、情感传播给受众，所以，不管是直接领会，还是细细玩味，招贴内容都需要被受众解读出来，因此可以说，可读性是传播性的必然要求（如图 1-27 至图 1-28）。

招贴设计者将想要传达的信息、理念、情感通过视觉图形表达出来，这一环节可被视为"编码"；而受众看到招贴后，解读出其中的寓意，这一环节可被视为"解码"。"编码"与"解码"构成了完整的信息传播过程，二者缺一不可。在这一过程中，"解码者"试图通过丰富、有趣、贴切的视觉效果吸引"编码者"去探寻蕴含于图形之中的深层含义（如图 1-29）；"编码者"得出自己的感悟，进而引发心理上的共鸣（如图 1-30），以上这些都是互动性的表现。

基于互动性的特点，招贴设计者必须努力构思吸引人的视觉效果，这就对审美性提出了要求（如图 1-31 至图 1-32）。

由于受众有着国家、民族、文化、语言、年龄、性别、审美、生活环境、自身条件等方面的差异，要想有效达成可读性、互动性与审美性，就必须根据受众群体的普遍情况，做针对性设计（如图 1-33 至图 1-39）。

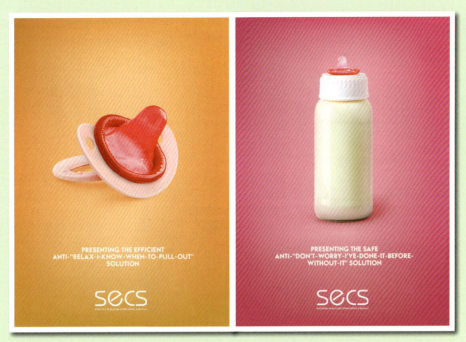

图 1-25　公益招贴《不戴套，你就等着看孩子吧》

案例赏析

如图 1-25，这组性与避孕教育协会推出的公益招贴，将安全套与奶嘴同构，让受众在会心一笑时领会其意，以一种幽默的方式传播了性教育理念。

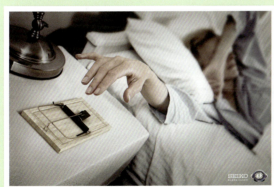
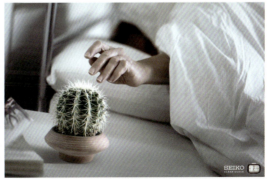

图 1-26　商业招贴《看你再敢睡》

案例赏析

如图 1-26，这组 Seiko 闹钟的商业招贴，将闹钟置换为老鼠夹、仙人掌和热炭，极富创意地展现了产品卖点。

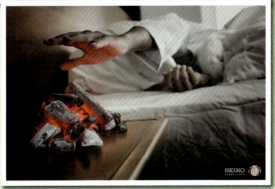

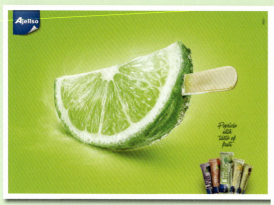
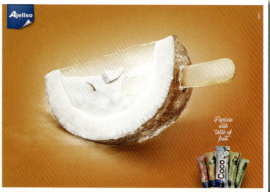
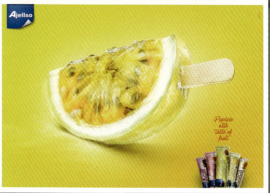

图 1-27　商业招贴《满满水果味儿》

案例赏析

如图 1-27，这组 Anuncios 水果冰淇淋的商业招贴，将水果与相应口味的冰淇淋同构，造型醒目、色彩抢眼、视觉冲击力较强，即使不懂英文的人也能瞬间读懂画面信息。

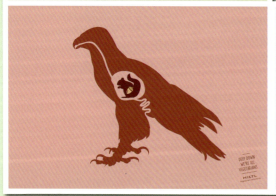

案例赏析

如图 1-28，这组 HILTL 素食餐厅的商业招贴，没有出现直观的素食图片，而是通过富有推导性的图形语言表达了主题。极简的图形，配合完美的色彩对比与融合，产生了耐人寻味的视觉效果。

图 1-28　商业招贴《在深处，我们都是素食主义者》

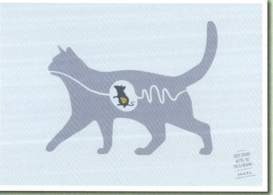

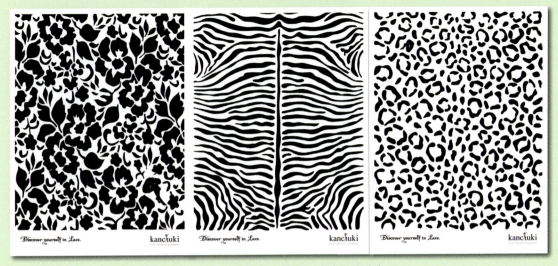

图 1-29　商业招贴《在蕾丝中发现自我》

案例赏析

如图 1-29，在这组 Kanchuki 蕾丝的商业招贴中，每一幅繁复而优美的蕾丝花纹中，都暗藏着一个窈窕女子的身影。剪影式构图、不经意间的发现，既切合了主题，又增强了画面的探索趣味。

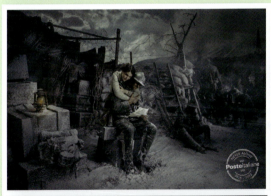

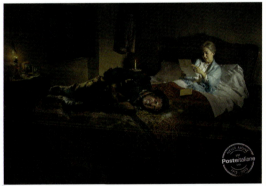

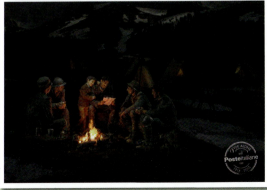

图 1-30　商业招贴《你从不孤独》

案例赏析

如图 1-30，这组意大利邮政百周年纪念日的商业招贴，描绘了这样的场景：第一次世界大战时，不管战场多么遥远，意大利士兵仍能与家人通信，读着信，就仿佛相伴在一起。感人至深的画面既展示了意大利邮政一直以来的服务，又令人们产生远离战争、珍惜和平的共鸣。

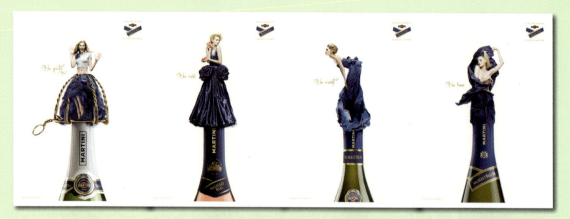

图 1-31　商业招贴《无 Martini 不 Party》

案例赏析

如图 1-31，这组马提尼酒的商业招贴，将美女与瓶盖相结合的创意图形、简洁的背景、完美的配色结合在一起，创造了华贵而绚丽的画面质感。

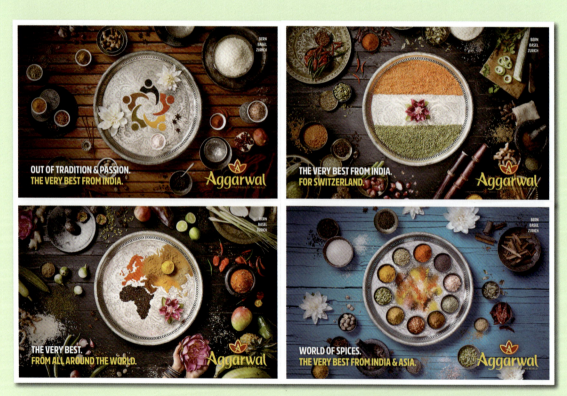

图 1-32　商业招贴《在全世界甄选最好的香料》

案例赏析

如图 1-32，这组 Aggarwal 香料的商业招贴，将香料造型与国旗等意象相结合，切中"在全世界甄选最好的香料"的广告语，画面洋溢着浓郁的异域风情。

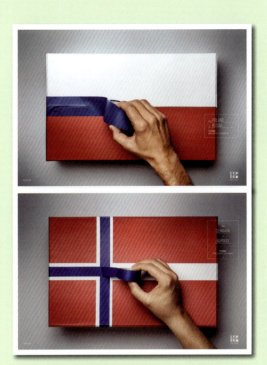

图 1-33 商业招贴《更多服务，更少国界》

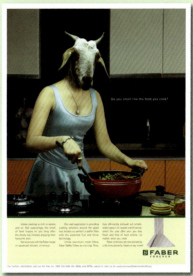

案例赏析

如图 1-33，这组 TPC Group 国际物流的商业招贴设计极为巧妙，通过快递胶带的粘贴，丹麦国旗变换为挪威国旗，波兰国旗变换为俄罗斯国旗。如果这组广告投放到对上述国旗不熟悉的地方，效果肯定大打折扣。

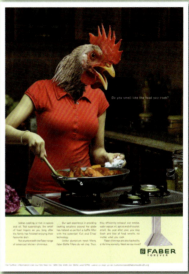

案例赏析

如图 1-34，这组 Faber 油烟机的商业招贴，通过家庭主妇头部与茄子、公鸡和山羊头部的造型置换，表现了烹饪时容易染上食物味道的问题，由此生动幽默地展现了该款油烟机超强除味的卖点。家庭主妇们看到该招贴，应该能感同身受，品牌印象与产品卖点会迅速植入其脑海中。

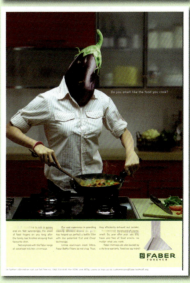

图 1-34 商业招贴《你是不是闻起来和锅里的食物一个味儿》

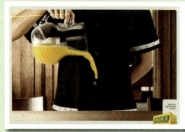 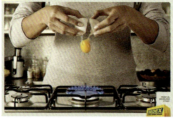 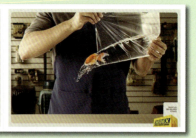

图 1-35　商业招贴《请相信我们的交货速度》

案例赏析

如图 1-35，这组 Sedex 快递的商业招贴以夸张的手法，突显了该公司的送货速度。较之图 1-33，这组广告容易被更多受众解读。

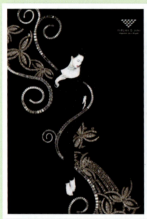 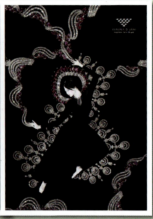

案例赏析

1. 如图 1-36，在这组印度 Varuna D Jani 品牌珠宝的商业招贴中，人物造型飘逸，与珠宝造型完美融合、相得益彰，切中了"在至纯至臻中发挥无限想象力"的广告语。
2. 珠宝广告常采用极简的黑色背景，来突出珠宝的华贵感、闪耀感、设计感，营造高贵、雍容的视觉效果。

图 1-36　商业招贴《至臻中的想象力》

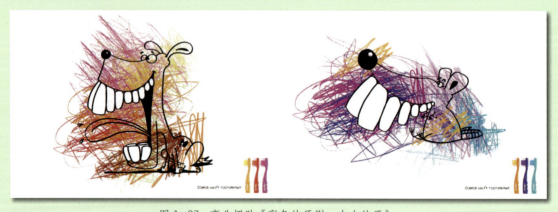

图 1-37　商业招贴《彩色的牙刷，白白的牙》

案例赏析

1. 如图 1-37，这组 Condor 儿童炫彩牙刷的商业招贴，用丰富鲜亮的油画棒色彩，创造了萌萌的、五彩斑斓的画面效果，满足了儿童的审美需求。
2. 众多鲜亮的色彩组合在一起，可创造出明快、热烈、廉价、儿童化的视觉效果。

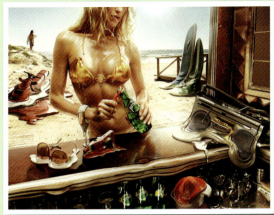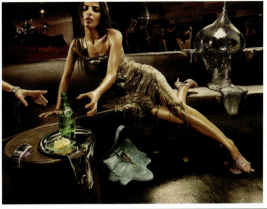

图1-38 商业招贴《给我一瓶Perrier》

案例赏析

如图1-38,这组Perrier(巴黎水,一种天然有气矿泉水)的商业招贴,荣获2009年夏纳国际创意节银奖等多项国际设计大奖。图中,物体热得都熔化了,人物渴求一瓶冰爽的Perrier。视觉效果夸张热辣,符合年轻受众的审美。

案例赏析

如图1-39,这组期刊杂志《历史》的商业招贴,通过对远古时期岩画、古埃及壁画、西班牙浪漫主义画家戈雅名画《1808年5月3日夜枪杀起义者》的风格模仿与记者人物的植入,巧妙地切中"直击历史现场"的广告语,创意既贴切又别出心裁,对历史爱好者具有吸引力。

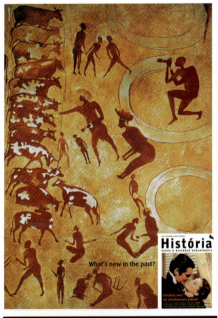

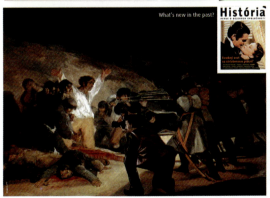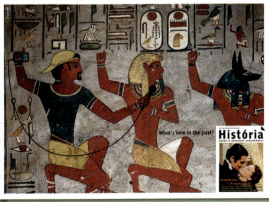

图1-39 商业招贴《直击历史现场》

实践训练

【关键词】

传播性、可读性、互动性、审美性、针对性

【设计实践】

1. 搜索优秀的招贴设计，讨论其创意所在。

2. 选择一款大众较为熟悉的品牌或产品（例如麦当劳咖啡），结合上述关键词，设计一组招贴，尺寸自定。参考案例如图1-40至图1-43。

3. 设计一组环保公益招贴（例如野生动物制品买卖、塑料污染、全球变暖等主题），尺寸自定。参考案例如图1-44至图1-46。

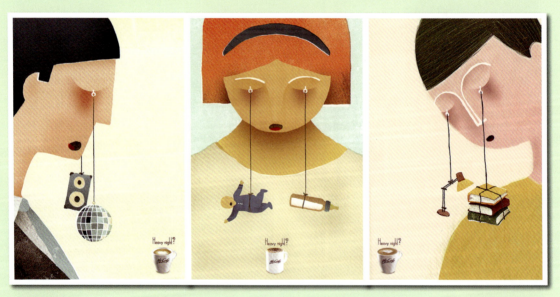

图1-40 商业招贴《犯困的夜，来一杯麦当劳咖啡吧》

案例分析

如图1-40，这组麦当劳咖啡的商业招贴，采用贴布画风格，表现了熬夜加班、学习、看孩子的场景，画面温馨可爱。

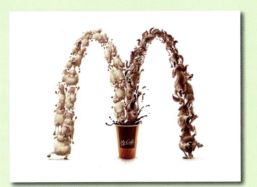

图 1-41　商业招贴《满满的大杯》

案例分析

如图 1-41，这幅麦当劳咖啡的商业招贴，入围 2016 年夏纳国际创意节·印刷与出版奖。设计师采用视觉流动型构图，令卡通狼（代表满满的咖啡）与卡通羊（代表满满的牛奥）组成麦当劳标志的"M"字母，不断强化受众脑海中的品牌印象的同时，切中了"满满的大杯"的产品卖点。

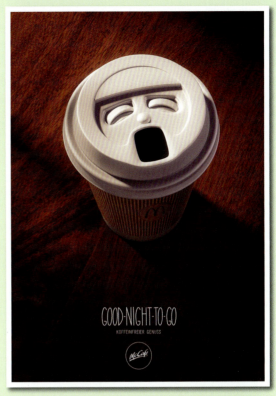

图 1-42　商业招贴《晚安咖啡》

案例分析

如图 1-42，这幅麦当劳咖啡的商业招贴，将咖啡杯盖与打着哈欠的脸同构，切中了"不含咖啡因，夜晚品尝也能安然入睡"的卖点。

案例分析

如图 1-43，这幅麦当劳咖啡的商业招贴，也将创意点放在了麦当劳标志的"M"字母上。通过对比型构图，直观展现了品尝咖啡后精神为之振奋的样子，画面效果幽默可爱。

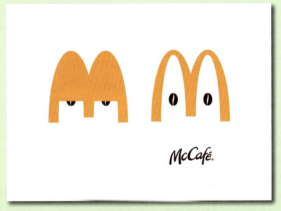

图 1-43　商业招贴《精神了》

案例分析

如图1-44，这组世界自然基金会（WWF）公益招贴，将人物发型与犀牛角造型同构，形象地切中广告语："犀牛角相当于犀牛的头发，是没有药用价值的，你会为了别人的头发而杀人吗？"由此引发受众的进一步联想与深思：对犀牛角、象牙等动物制品说不，没有买卖，就没有杀戮。

案例分析

如图1-45，这组Juntos Avanzamos公益招贴，将塑料袋、泡沫餐盒、吸管等塑料垃圾艺术化为鱼、蟾蜍、火烈鸟的造型，由此警醒受众：我们平日里使用的塑料制品对生态造成了巨大破坏，你希望这些自然界里的动物，将来都由塑料模型代替吗？

图1-45 公益招贴《塑料的又一用途》

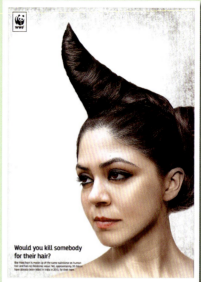

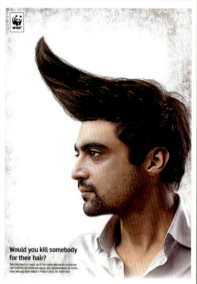

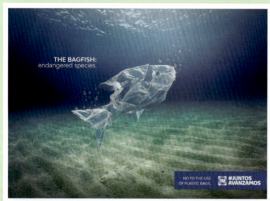

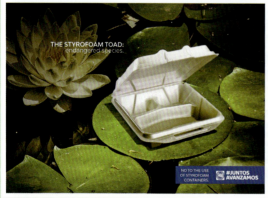

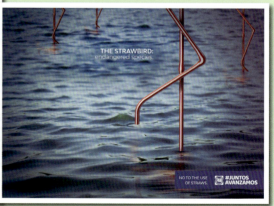

图1-44 公益招贴《你会为了头发而杀人吗》

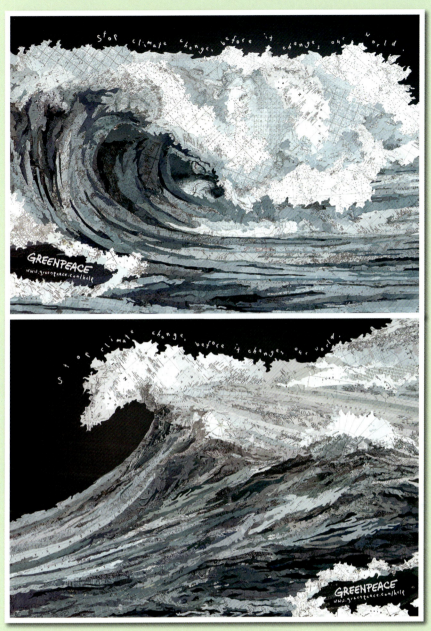

图 1-46　公益招贴《巨浪滔天》

案例分析

1. 美国海洋大气管理局（NOAA）公布的最新数据显示，2018 年全球平均海平面高度比 1993 年的平均值高出了 81 毫米。较高的海平面意味着灾难性的风暴潮，例如飓风或强烈的冬季风暴能在沿岸地区将海浪推高到前所未有的高度；较高的海平面还意味着更频繁的洪水。正如灾难片所表现的那样，全球变暖导致的海平面上升，会是毁灭人类的重大灾难之一。

2. 如图 1-46，这组绿色和平组织的公益招贴，通过巨浪与地图的叠加与同构，触目惊心地反映了上述信息。

扫码获取本章课件　　扫码获取本章短视频

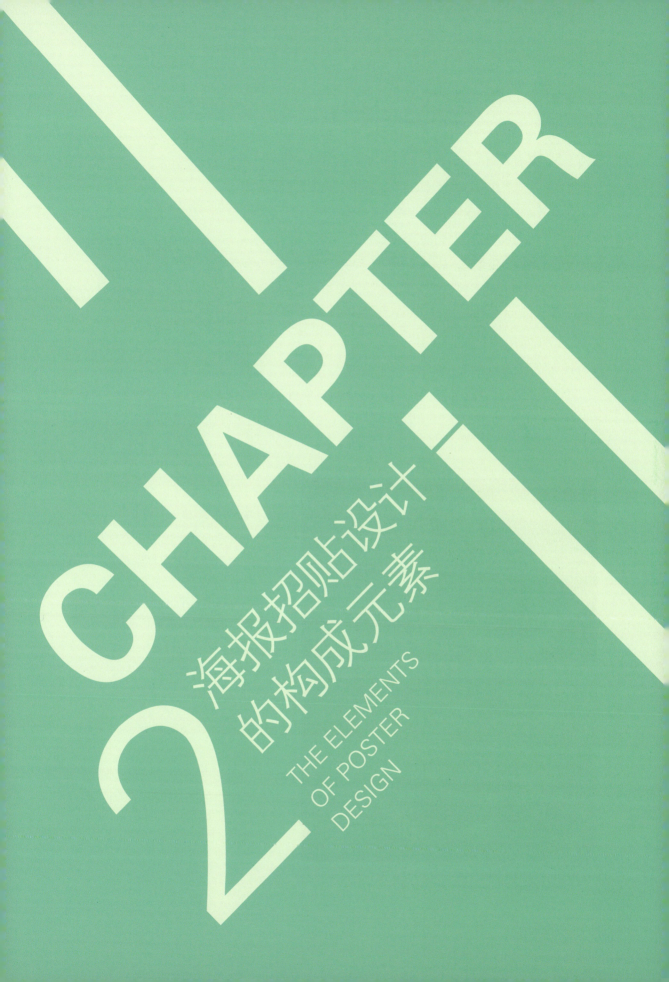

2.1 | 海报招贴的图形设计

图形是通过视觉形象传达信息的语言形式，它同语言、文字一样，都是人类传播与交流信息的方式。随着人类社会的发展与历史的变迁，各种图形被人类赋予了各种含义，这种通过图形的艺术形态来表达信息或情感的方式与过程，即为图形语言。

图形语言不等同于一般的图形符号。一般的图形符号具体指向某一种事物，是一种直觉的、本能的释读，一般不体现深刻的意味或哲理。而图形语言还包括在特定思想意识支配下的对某一概念信息的图形化表现，其中蕴含了美学与深刻寓意，其造型具有艺术性与创意性。

根据图形语言的表现手法，我们可将海报招贴的图形划分为具象图形、抽象图形和意象图形。

（1）具象图形的描述性语言

具象图形是自然界中存在的客观形态经过人类的模仿、概括、提炼而形成的图形形态。

由于人类的视觉习惯于感受具体物象，因此具象图形既具有被快速识别的便捷性，又具有抽象图形不可比拟的视觉亲和力或身临其境感（如图2-1至图2-3）。但具象图形有时过于简

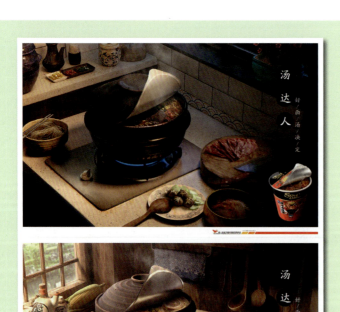

图2-1 商业招贴《好面汤决定》

案例赏析

如图2-1，这组汤达人方便面的商业招贴，将真材实料、文火慢炖的场景直观地展现于受众眼前，画面温馨，令人感受到浓汤的醇美和暖暖的"家的味道"。

单直白，缺少生动性，设计这类图形时应注意充分调动创意元素（如图2-4至图2-6）。

（2）抽象图形的主观性语言

抽象图形可分为几何图形、不规则随意图形和怪诞图形。

几何形是一种逻辑性十分严密的图形，简洁明快、一目了然，在图形语言中较多传达理性而强烈的规律感、节奏感和韵律感，一般不传达明确具体的信息。不规则随意图形也没有明确的信息内容，仍然属于抽象意义上的形式美感（如图2-7至图2-9）。

（3）意象图形的哲理性语言

意象图形是人类根据主观意念，以客观事物形态为原形，经过再创造而成的图形。它的形态脱离了简单模仿、描述的范畴，受众需要通过引申、比喻、联想等方法才能解读其内在含义。

意象图形是一种高效率的视觉传达图形。它既是清晰准确的视觉符号，更被赋予了含蓄深刻的蕴意。其中，图形的具象部分起引导和指认作用，引导受众调动大脑中储存的相关信息，据此去解读图形的意象部分，使图形的深层含义被解读出来。图形的意象部分是设计师与受众的互动空间，在这里，意念得以交流，信息得以深化。一幅精彩的意象图形不仅能在视觉上带给受众艺术享受，其内在的哲理性成分更能激发受众的情感共鸣（如图2-10至图2-13）。

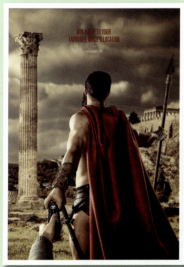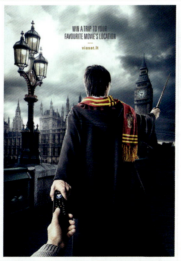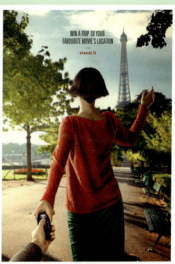

图2-2　商业招贴《最爱电影之旅》

案例赏析

如图2-2，在这组美国卫讯公司推出的"看最爱电影，赢最爱旅行"活动的商业招贴中，《哈利波特》中的哈利、《天使爱美丽》中的艾米丽、《斯巴达三百勇士》中的列奥尼达引领你游览伦敦、巴黎、雅典，画面极富身临其境感。

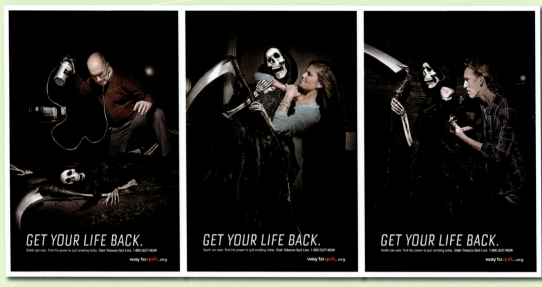

图 2-3 公益招贴《从死神手里夺回你的命》

案例赏析

如图 2-3，这组美国犹他州卫生部的公益招贴，鼓励人们通过健康生活来延长寿命。死神被设计为直观的视觉形象，击败死神的画面可以直接而强烈地激发受众的自信心。

案例赏析

如图 2-4，在这组 FedEx 国际快递的商业招贴中，楼的外墙被绘上世界地图的图案，真实的画面被赋予象征性含义，由此展示了其服务的高效快捷。

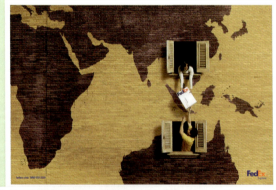
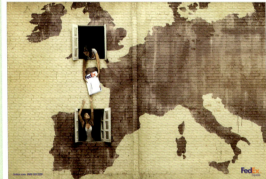
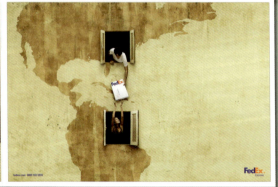

图 2-4 商业招贴《马上送达》

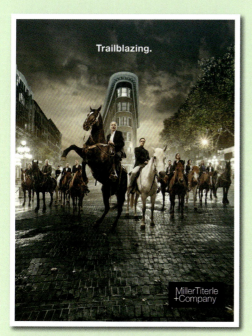

图 2-5 商业招贴《领头军》

案例赏析

通常律师事务所的商业招贴强调律师们的冷静与专业，而如图 2-5 所示的这幅 Miller Titerle 律师事务所的商业招贴，突破了这一传统表现手法，律师们化身为为保护你而战的骑士，业内领头军的品牌形象瞬间树立起来。

案例赏析

BCP Deals 是一款实时发布美食、美发等生活服务类打折消息的 App。如图 2-6 所示的这组该 App 的商业招贴，以一种幽默的表现方式，直观地表现了"总在你需要时打折，轻轻一点即可"的卖点。

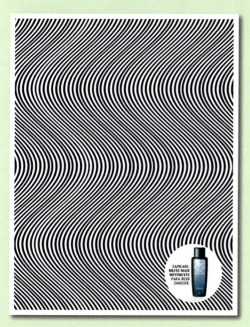

图 2-7 商业招贴《让秀发舞动起来》

案例赏析

如图 2-7，这幅 Capilare 洗发水的商业招贴，通过曲线的重复构成，营造出强烈的节奏感和韵律感，将洗发水带给头发的柔顺飘逸感展露无遗。

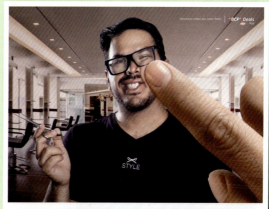

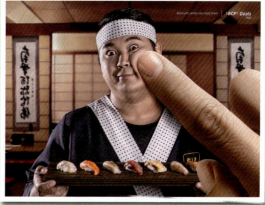

图 2-6 商业招贴《总在你需要时打折，轻轻点一下手机即可》

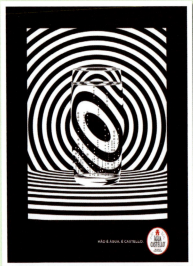
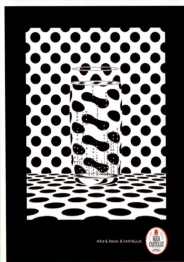
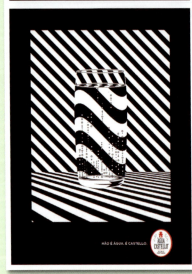

图 2-8　商业招贴《这不仅仅是一杯水》

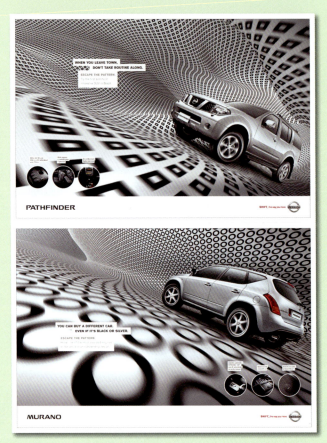

图 2-9　商业招贴《貌似寻常，实则不同凡响》

案例赏析

如图 2-8，这组 Agua Castello 矿泉水的商业招贴，画面不同于寻常矿泉水广告招贴一贯的简洁清新风格。设计师将杯子置于韵律感十足的背景中，一杯矿泉水也能幻化出丰富、动感的视觉效果。整个画面给人劲爽、热烈、欢快的感觉，现代美展露无遗，给受众留下极为深刻的印象，使该品牌的矿泉水从众多同类品中脱颖而出。

案例赏析

如图 2-9，这组日产汽车商业招贴的广告语是："你可以买这样一辆车，即使它是最普通的黑与银。在不同凡响的设计中，嵌入了世界上最强劲的引擎之一。"配合广告语，招贴中大面积运用了视幻图形，增强了画面的现代感与艺术性，同时凸显了汽车独特的设计感。

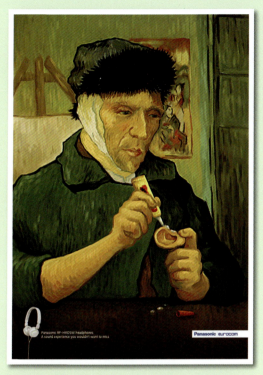

案例赏析

如图 2-10，在这幅松下 RF-HXD5W 耳机的商业招贴中，梵高都要粘回自己的耳朵，不想错过它带来的绝妙的音质感受。

案例赏析

如图 2-11，在这组 Saida 巧克力糖的商业招贴中，写实的人物和场景渲染展现了那一段小憩时光的惬意。原本的色彩被抽离的同时，全新的巧克力色彩场景被建立起来，这种色彩的同构，将糖果的香浓口感与小憩一刻的畅快享受完美融合在一起。

案例赏析

如图 2-12，这组 Make A Wish 儿童药品的商业招贴，将童话人物融入药品中，画面清新灵动，药品不再给孩子苦涩感。

图 2-10 商业招贴《你不想错过的妙音》

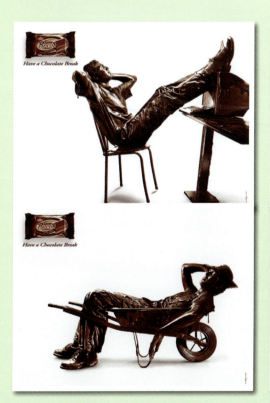

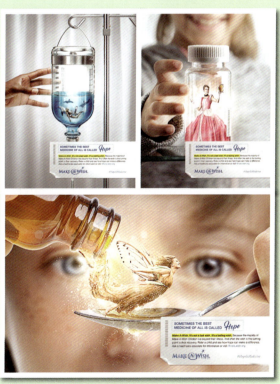

图 2-11 商业招贴《尽享一段巧克力的小憩时光》　　图 2-12 商业招贴《许个愿：最好的药品是希望》

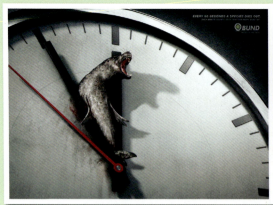 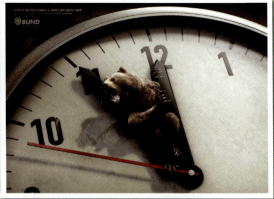

图 2-13　公益招贴《刻不容缓》

案例赏析

如图 2-13，在这组 BUND 网站的公益招贴中，野生动物被卡在利刃般的时针之间垂死哀嚎，切中广告语"每分钟就有一个物种灭绝"，由此警示受众：拯救野生动物已经刻不容缓。

2.2 ｜海报招贴的文字设计

图形与文字，是海报招贴设计中最重要的两个元素。在做海报招贴的文字设计时，要遵循文字设计的原则，根据整体设计与内容进行统筹，安排好文字在字体、大小、色彩等方面的对比与统一，最终达到最优化的视觉效果。

（1）文字设计的原则

海报招贴的文字设计，要遵循高效传达、独具创意、富于美感的原则。

归根到底，海报招贴是一种信息的传播形式，而文字就是海报招贴传达信息的最直接、最准确的介质。因此，信息的高效传达是文字设计的首要原则和目的（如图 2-14 至图 2-17）；而对文字进行创意化和艺术性处理，可增强招贴画面的趣味性和审美性，加深受众印象（如图 2-18 至图 2-22）。

（2）文字设计的对比与统一

文字设计的对比与统一，主要表现在文字大小、字体、位置、色彩等方面的对比统一上。文字设计要服务于整个版面，因此一定要根据招贴的内容、风格、效果等进行协调与匹配（如图 2-23 至图 2-25）。

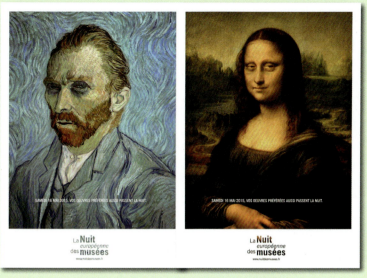

图 2-14　商业招贴《博物馆不眠夜》

案例赏析

1. 如图 2-14，这组"博物馆不眠夜"活动的宣传招贴，视觉的重点在于图形的创意性：蒙娜丽莎睡眼惺忪，梵高生出了大大的黑眼圈，由此切中"不眠夜"的主题，名画的表述风格与主题完美匹配。
2. 文字设计极为简洁，既衬托了创意图形，又高效传达了活动的内容、时间、地点等信息。

案例赏析

1. 如图 2-15，这组惠人低速原汁机的商业招贴，希望传达的信息是："全球首创冷压慢磨技术，每分钟仅 17 转，更大限度地保留原汁的口味与营养。"
2. 招贴的色彩清新、明快，营造出天然、健康的氛围。文字设计简洁而有层次感，色彩搭配和谐，高效传达了产品卖点。

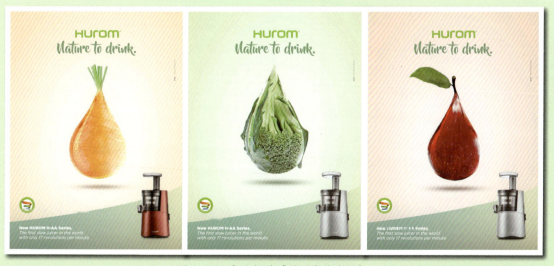

图 2-15　商业招贴《喝下去的自然》

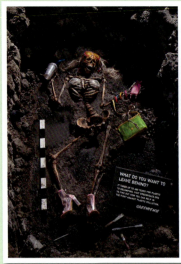 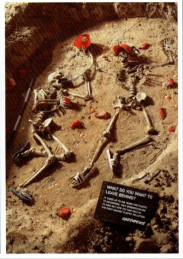 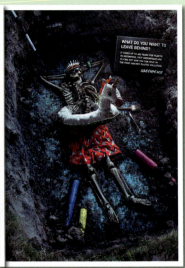

图 2-16 公益招贴《塑料遗产》

案例赏析

1. 如图 2-16，这组绿色和平组织的公益招贴，希望传达的信息是："塑料降解需要至少 400 年的时间，这就是你留给世界的遗产？"
2. 画面整体为暗色调，同时对塑料制品在色彩上进行了突出强调，契合了"人类疯狂的物质消费对地球造成的破坏"的暗喻。
3. 极简的文字设计，既与整个画面相辅相成，又简明易读。

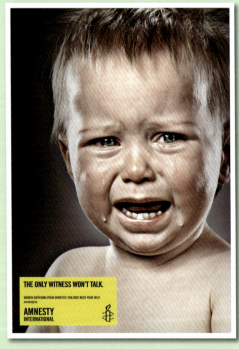

案例赏析

1. 如图 2-17，这组国际特赦组织的公益招贴，主题是妇女遭受的家庭暴力问题。设计师没有直接展现妇女遭受家暴时的画面，而是展现了目睹妈妈被毒打而吓得大哭的幼儿的画面。这种转换视角的表现手法，不仅侧面反映了妇女遭受的侵害，还揭示了家暴对儿童的影响等更多、更深层次的问题。
2. 画面的广告语仅一句："唯一的证人不会说话，那些遭受家暴的女性需要你的帮助。"文字设计极为简洁醒目，黄色背景起到了突出强调和警示的作用。

图 2-17 公益招贴《唯一的证人不会说话》

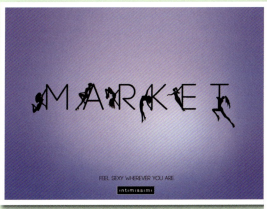
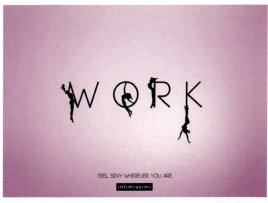
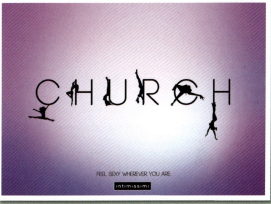

案例赏析

如图 2-18，这组 Intimissimi 钢管舞的商业招贴，希望传达的信息是："随时随地，展现性感。"设计师将"工作（WORK）""商超（MARKET）""教堂（CHURCH）"这三个英文单词的文字线条变为钢管，与女性的窈窕剪影相融合。配合简洁、女性化的色彩设计，创造出时尚、极具个性化的画面。

图 2-18　商业招贴《随时随地，展现性感》

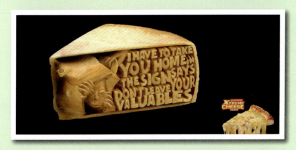

案例赏析

如图 2-19，这幅格林威治披萨的商业招贴，内含满满的芝士。画面采用芝士块雕琢广告语文字的方式，直观生动地展现了这一卖点。

图 2-19　商业招贴《内有乾坤》

案例赏析

如图 2-20，这组企鹅图书的商业招贴，将埃菲尔铁塔与英文单词 Paris（巴黎）相结合、公交车与英文单词 London（伦敦）相结合，极为巧妙地切合了主题。

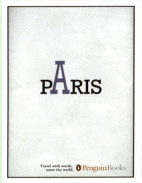
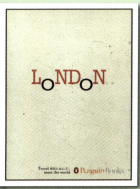

图 2-20　商业招贴《以文字游世界》

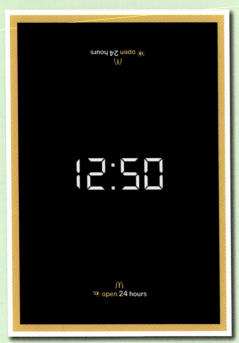

图 2-21　商业招贴《24 小时营业》

案例赏析

如图 2-21，这幅麦当劳 24 小时营业店的商业招贴，时间数字的设计极为巧妙：正向看是 12:50，倒着看是 05:21，切合了 24 小时营业的卖点。

案例赏析

如图 2-22，这组麦当劳麦旋风的商业招贴，希望宣传的产品信息是："定制你的麦旋风，配料随心选。"麦旋风纸杯和各种配料（可爱多碎、奇巧巧克力碎、焦糖、草莓酱、巧克力酱等）组成 Mona、Bob、Thor、Joan 等英文名，巧妙地切合了主题。

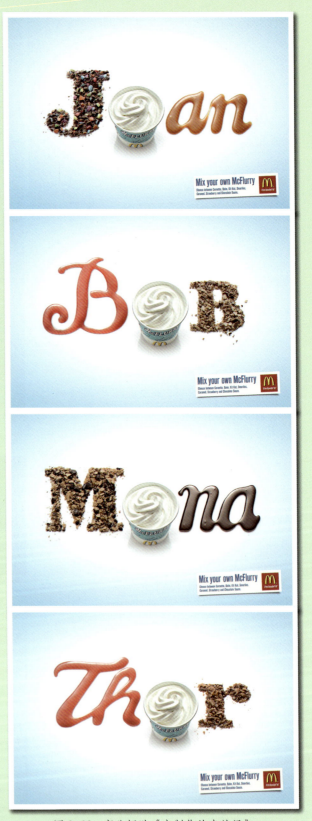

图 2-22　商业招贴《定制你的麦旋风》

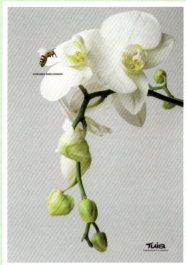 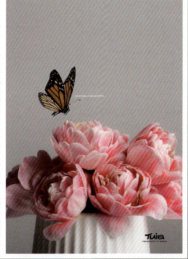

图 2-23 商业招贴《以假乱真》

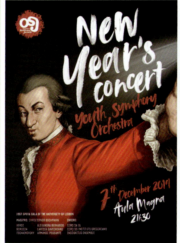 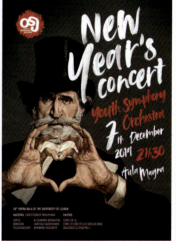

图 2-24 商业招贴《年轻人的交响乐》

案例赏析

如图 2-23，这组 Tuia 仿真花卉的商业招贴，广告语是："连'专家'都分不出真假。"画面的视觉重点是创意图形，中明度、中纯度的配色，创造了清新、明快、宁静的画面效果，所以广告语文字选择了小字号简洁字体，既不抢视觉，又塑造了精致感。

案例赏析

1. 如图 2-24，这组里斯本大学音乐节·新年音乐会的宣传招贴，主题是"年轻人的交响乐"。创意图形是莫扎特、柴可夫斯基卖萌耍酷的造型。
2. 文字设计极为抢眼，广告语的字体统一，通过大小和颜色进行层次区分，使视觉既富有跃动感，又不失和谐统一；作曲家、演奏曲目等详细信息则使用小字号简洁字体，既与广告语有所区分，又便于阅读。
3. 创意图形与文字设计搭配得天衣无缝，非常符合年轻人的审美。

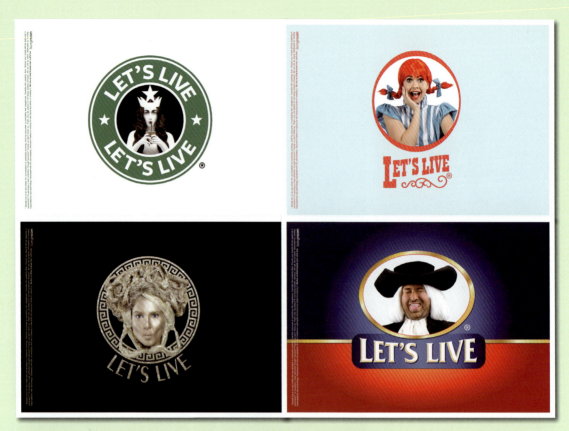

图 2-25　商业招贴《知名品牌直播》

案例赏析

1. 如图 2-25，这组知名品牌直播的商业招贴，用真实人物代替了星巴克（Starbucks）、桂格（Quaker）、范思哲（Versace）、温迪国际快餐连锁（Wendy's）等知名品牌标志中的绘画人物，既切中了知名品牌直播的主题，又强化了品牌印象。
2. 配合品牌标志被最大限度地放大，活动介绍的文字被最大限度地缩小。设计师希望通过标志的创意图形吸引受众，然后诱导他们阅读详细文字。

2.3 ｜海报招贴的色彩设计

　　海报招贴的色彩设计，主要表现在海报招贴的图形与文字中，因此色彩所遵循的设计原则，基本与图形与文字的设计原则类似，在此不再赘述。色彩设计的对比与统一，主要表现在色相、明度、纯度、冷暖、色调等方面的对比统一上。色彩设计也要服务于整个版面，根据招贴的内容、定位、风格、效果等进行统筹（如图 2-26 至图 2-31）。

案例赏析

如图 2-26，这组 WWF 的公益招贴，主题是："塑料蓝，2020 年的海洋色。"画面采用暗色调，显得幽暗、神秘莫测，弥漫着为已经很严重的生态危机和潜在的生物灭绝风险担忧的氛围。图形的蓝色和文字的白色互为对比，由此起到简明易读与心理警示的作用。

案例赏析

1. 如图 2-27，这组 DK12 香皂的商业招贴，产品卖点是"实惠"，广告语非常有趣："这是市面上最实惠的香皂。在我的广告中，你看不到鲜花——我是香皂，不是花园！"
2. 鉴于产品定位与广告语，设计师一反在香皂广告中大量装饰鲜花等元素的传统做法，而采用粉色与蓝色两种互补色做对比的表现手法，切中实惠、实实在在不花哨的产品卖点。
3. 高明度、中纯度的鲜艳色彩搭配，一般可营造廉价、明朗、快乐的视觉效果。控制好色相数量，做好对比与统一，可使画面热烈而不凌乱。

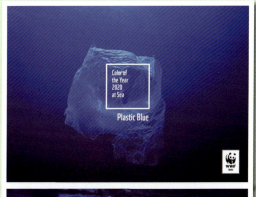
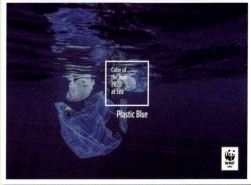

图 2-26　公益招贴《塑料蓝》

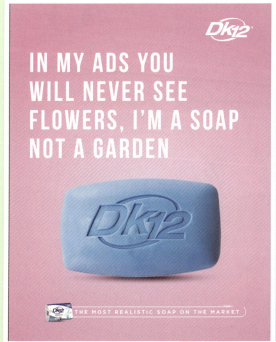
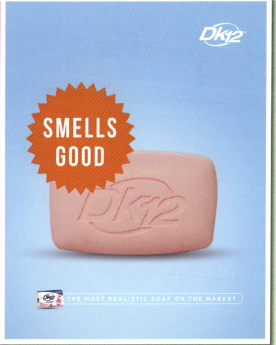

图 2-27　商业招贴《市面上最实惠的香皂》

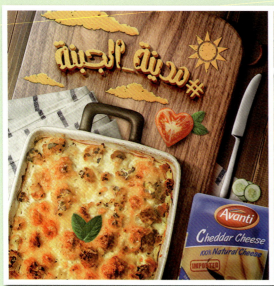 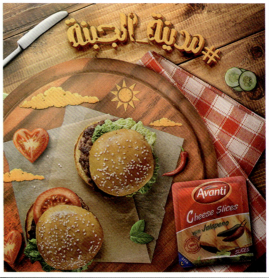

图 2-28 商业招贴《阳光的味道》

案例赏析

如图 2-28，这组 Avanti 奶酪的商业招贴，产品卖点是"让你嗅到阳光的味道"。明快的颜色，被统一在黄色与紫色或黄色与红色这两种主色相中，画面丰富绚丽而不失和谐统一，让人感到满屏的阳光、健康、天然、快乐的气息。

案例赏析

如图 2-29，这组 Legend 儿童自行车安全帽的商业招贴，将画面主色相设定为产品的主打色，通过明度与纯度的区分，赋予产品、背景、广告语文字以层次感。画面效果明快丰富，而又和谐统一。

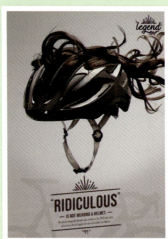 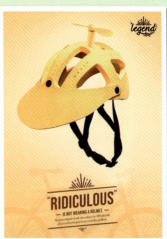
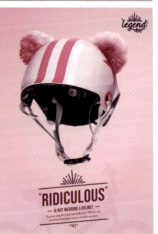 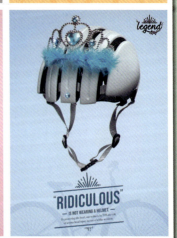

图 2-29 商业招贴《百变安全帽》

案例赏析

如图 2-30，这组大众途铠汽车的商业招贴，通过无彩色与有彩色的对比，以及对角对比式构图，切中了产品定位与广告语，个性十足，视觉冲击力强，满足了中青年消费者的审美需求与心理需求。

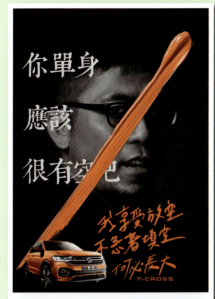

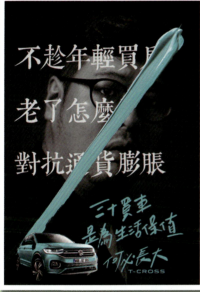

图 2-30　商业招贴《何必长大》

案例赏析

如图 2-31，这组 Zim 彩粉的商业招贴，整个画面被渲染为一个颜色，视觉冲击力极强。右上角的白色标志，起到画龙点睛的作用，加深了受众脑海中的品牌印象。低纯度、低明度的色彩设置，缓和了视觉刺激感，避免画面显得俗气、廉价。

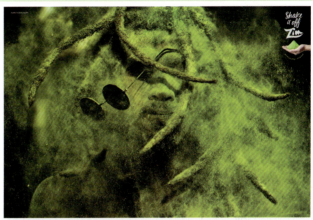

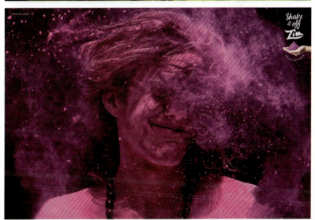

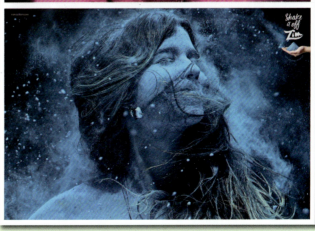

图 2-31　商业招贴《此刻尽色彩》

实践训练

【关键词】

具象图形、抽象图形、意象图形、对比与融合

【设计实践】

1. 分别设计一组具象图形招贴、抽象图形招贴和意象图形招贴，主题和尺寸自定。参考案例如图 2-32 至图 2-34。

2. 从图形、文字、色彩的对比与融合出发，设计若干组招贴，主题和尺寸自定。参考案例如图 2-35 至图 2-37。

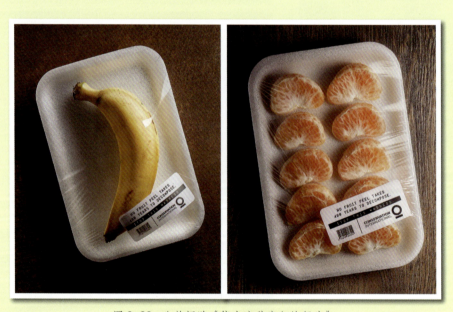

图 2-32　公益招贴《停止这种疯狂的行为》

案例分析

如图 2-32，在这组保护国际（Conservation International，简称 CI，一个国际性非营利环保组织）的公益招贴中，被保鲜膜和塑料托盘包装好的水果这种常见的具象图形，被放大化地摆在受众眼前，价签上的广告语"没有哪个果皮需要400年时间降解"起到了画龙点睛、深化主题的作用。图形与文字在内容上的对立，形成了思想情感上的统一：停止这种疯狂的行为，减少塑料制品的使用。

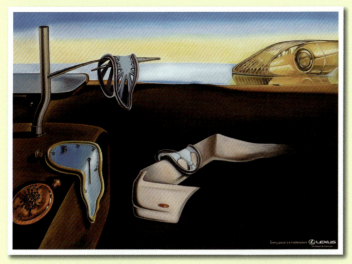

图 2-33 商业招贴《每一个零件都是杰作》

案例分析

如图 2-34，这组 Curtis 水果茶的商业招贴，采用意象图形常用的同构手法，将茶壶与水果巧妙融合在一起，令人感受到浓郁的水果香，通过视觉触发受众在嗅觉与味觉方面的联想。

案例分析

1.《记忆的永恒》是西班牙著名画家萨尔瓦多·达利的代表作之一，是超现实主义名作。从图形语言的范畴来讲，它属于抽象图形。

2. 如图 2-33，这幅雷克萨斯汽车的商业招贴，对该画进行了模仿，并将原画中的钟表置换为方向盘、仪表盘等汽车零部件。原画与模仿形成了对比，对名作进行再创作这种常用的风格化手法与主题形成了完美的融合。

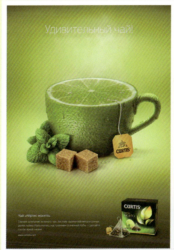
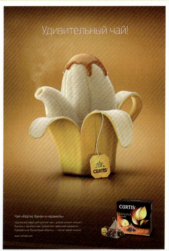
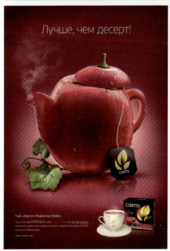
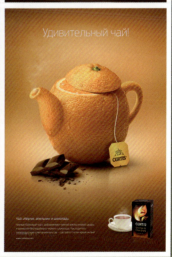

图 2-34 商业招贴《浓郁水果香》

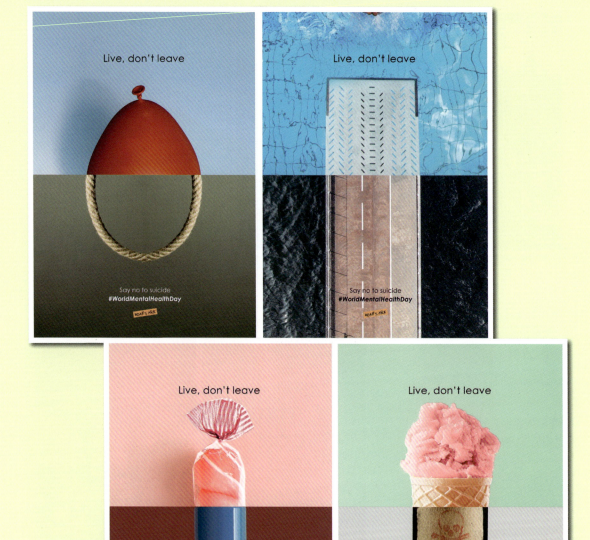

图 2-35 公益招贴《这世界，值得你留下》

案例分析

抑郁症已成为近年来年轻人自杀的主要原因之一。如图 2-35，这组世界精神卫生日时推出的公益招贴，采用图形与色彩的双重对比，使泳池与大桥、糖果和安眠药、冰淇淋与毒药、气球与绳索形成对比与融合，旨在鼓励处于自杀边缘的人们换个角度看待这个世界，发现生活的美好，拥抱生活中的点滴幸福。这个世界虽不完美，但值得留下！

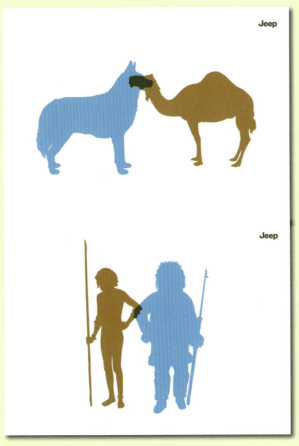

图 2-36　商业招贴《适应任何环境》

案例分析

如图 2-36，这组 Jeep 越野车的商业招贴，图形与色彩的对比与融合令人拍案叫绝。象征寒冷环境的高原狼或爱斯基摩人（蓝色），与象征炎热环境的骆驼或热带地区原始部落人（黄色），既构成鲜明对比，又在二者重叠的部分形成完美融合。而融合部分的图形与颜色，正好是 Jeep 越野车的造型与标志性绿色，由此展现了"适应任何环境"的超强性能。

案例分析

如图 2-37，这组 PLAYLAND 游乐场的商业招贴，采用左右对比式构图，将过山车项目带来的刺激感，与拔牙、受刑、雨林冒险带来的恐惧感融合在一起。视觉上的对比，引发了情感上的融合。同时，因为整体基调为紧张、快乐，所以左右两边的色彩明度保持了一致。

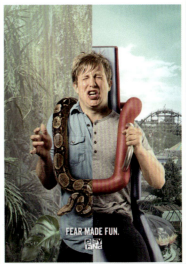
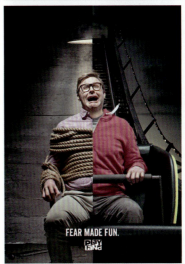
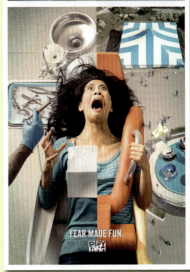

图 2-37　商业招贴《吓人才好玩》

扫码获取本章课件　　扫码获取本章短视频

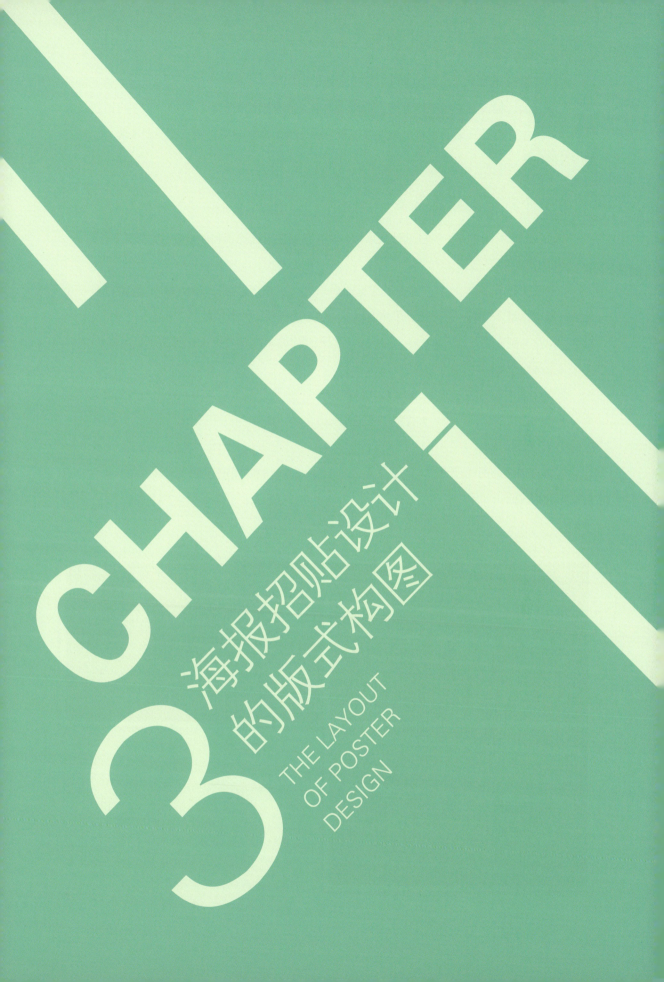

海报招贴设计的版式构图，是以引导受众视觉为任务、以美学为原则，对版面中的元素进行排列组合的过程，目的在于以更美、更恰当的视觉效果来传播信息。良好的构图可以快速吸引受众的视觉，引导其跟随视觉流程发掘图形中蕴含的信息，最终起到互动、留下美好而深刻的印象的作用。

3.1 ｜构图的基本要素

点、线、面呈现的是一种画面造型结构，具有强烈的形式美感和视觉吸引力。

（1）点

点是图形的最基本形态，也是最常见的形态之一。在图形创意的构图中，它可以是一个色块，也可以是一个或一组文字。虽然面积小，但通过形状、大小、色彩、方向、位置的变化与组合，以及与画面中其他元素的相互烘托，可以产生丰富的视觉效果（如图3-1至图3-5）。

（2）线

线在构图中起着表示方向、长短、重量、条理、分割、刚柔的作用。线化图形具有强烈的节奏美感和独特的感情色彩（如图3-6至图3-8）。

（3）面

较之点与线，面的视觉表现力更为强烈。事实上，一般的图形都是点、线、面的集合；点与线也会构成面（如图3-9至图3-13）。

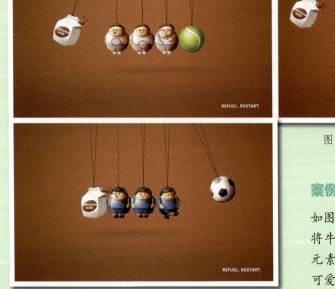

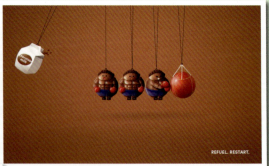

图3-1　商业招贴《给你恒动力》

案例赏析

如图3-1，这组巧克力牛奶的商业招贴，将牛奶、运动员、拳击沙包等卡通化点元素，组合成恒动摆球的造型，以幽默可爱的画风切中主题。

案例赏析

如图 3-3，这组 WWF 公益招贴，通过点式构图直观地告诉受众：你要扼杀多少个生命才能换来身上那件皮草大衣。

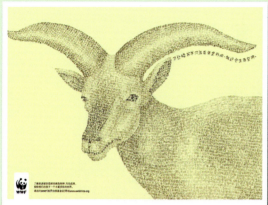
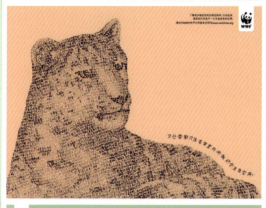
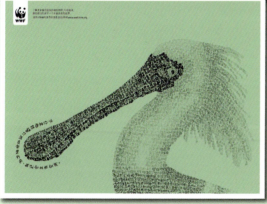

图 3-2　公益招贴《不要让这些动物只存在于文字中》

案例赏析

如图 3-2，这组 WWF 公益招贴，密集的文字就是无数点元素，它们组成了雪豹、黑脸琵鹭、矮岩羊等濒危动物的意象，恰当而震撼人心地切中了主题。

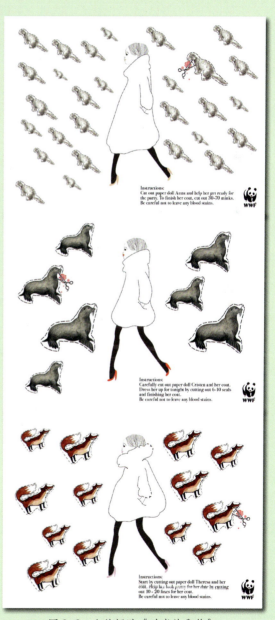

图 3-3　公益招贴《时尚的代价》

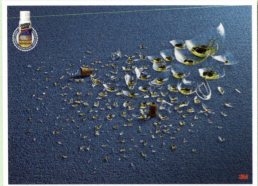

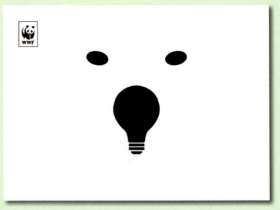

图 3-4 公益招贴《为了北极熊，请记得关灯》

案例赏析

如图 3-4，这幅 WWF 公益招贴，以极为简洁的三个点元素构成，其中北极熊的鼻子与嘴巴被置换成灯泡的意象，强烈而形象地切中了主题。

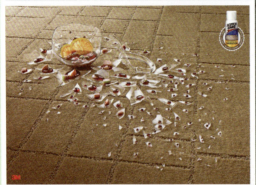

案例赏析

如图 3-5，这组 3M 防污喷雾的商业招贴，将器皿碎片碎化成无数个点，以夸张的手法展现了超强防污的产品卖点。

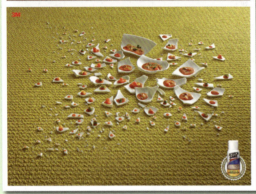

案例赏析

如图 3-6，这组索尼随身听的商业招贴，荣获 2009 年夏纳国际创意节银奖等多项大奖。它通过耳机线构成了纽约、伦敦、悉尼的地铁路线图，画面风格简洁时尚。

图 3-5 商业招贴《滴污不沾》

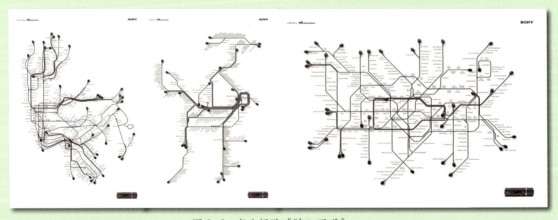

图 3-6 商业招贴《随心而听》

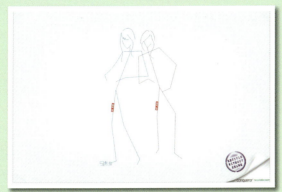

图 3-7　商业招贴《极致显瘦》

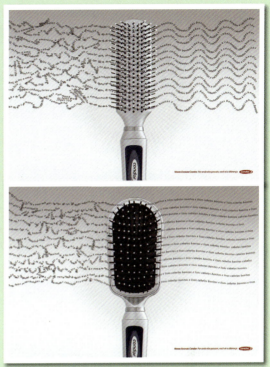

图 3-8　商业招贴《太好用了》

案例赏析

如图 3-7，这幅李维斯牛仔裤的商业招贴，以极为简洁的直线替代了人物与牛仔裤的具象图形，夸张地突出了"极致显瘦"的产品卖点，给受众留下丰富的想象空间。

案例赏析

如图 3-8，这组 Condor 卷发发梳的商业招贴，采用线性构图与左右对比式构图相结合的构图手法，左边为卷发在日常打理中遇到的种种问题，右边是使用该发梳后的好评。两边文字构成的"线"，为画面增添了动感与韵律感。

案例赏析

如图 3-9，这组 Khaitan 榨汁搅拌机的商业招贴，采用了虚实结合的表现手法，象征蔬果的彩线构成了面，夸张地展现了超强研磨的产品卖点。

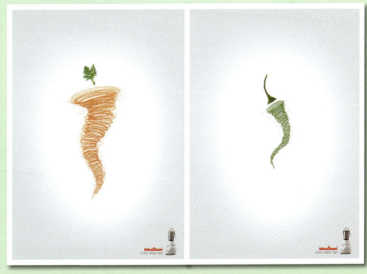

图 3-9　商业招贴《极致研磨力》

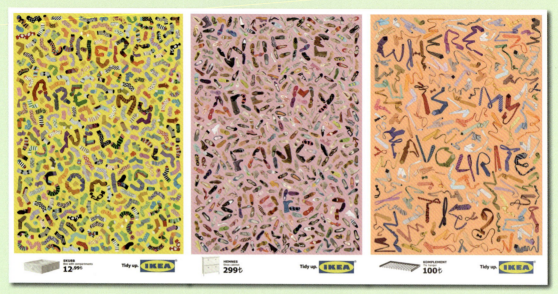

图 3-10 商业招贴《超强收纳》

案例赏析

如图 3-10，这组宜家收纳柜的商业招贴，以点组成面，将大面积的"凌乱"与小面积的"整洁"进行对比，并以鲜明的背景色统筹"凌乱"，既直观生动地展现了收纳柜体积小、收纳强的卖点，又使画面满而不乱。

案例赏析

如图 3-11，这组 BIC 水笔的商业招贴，以线组成面，用水笔画出了大面积笔迹，彰显了书写流畅、容量大的产品卖点。

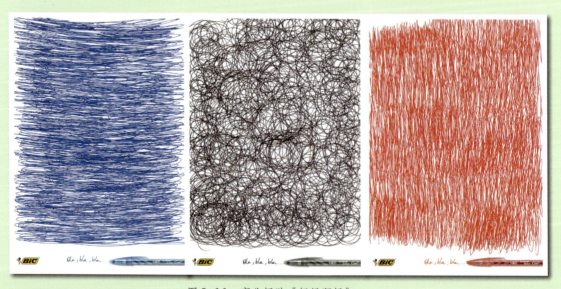

图 3-11 商业招贴《超级顺畅》

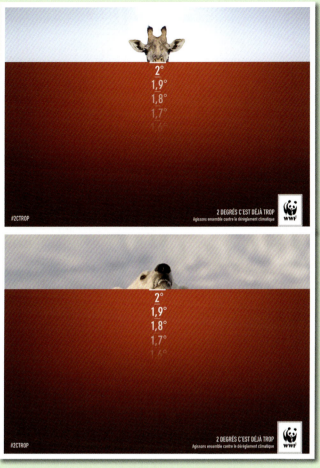

图 3-12　公益招贴《上升的血泊》

案例赏析

全球变暖使得海平面上升。如图 3-12，在这组 WWF 公益招贴中，动物们在不断上升的血泊中垂死挣扎，大面积的血红色触目惊心。

案例赏析

如图 3-13，这组 Amori 夹心饼干的商业招贴，将代表草莓、香草和巧克力的粉色、黄色和棕色铺满了几乎整个画面，效果极为抢眼，品牌瞬间脱颖而出，由此彰显"比其他品牌的夹心饼干馅料多得多"的卖点。

图 3-13　商业招贴《馅料多得多》

3.2 | 构图的基本类型

根据版式特点，我们大致将创意图形的构图类型分为以下十余种。在设计实践中，要注意根据自己的设计意图，选择适合的构图类型。

（1）标准整体型

标准整体型构图一般采用图文结合的形式，图形会吸引受众视觉，文字起到补充作用。这种构图法符合人们的视觉流程及认知过程，虽视觉冲击力较弱，但能带来整体感、熟悉感、安定感（如图3-14至图3-15）。

（2）图片为主型

这种构图采用一张图片占据整个或绝大部分画面的形式，具有直观、视觉冲击力强的特点（如图3-16至图3-17）。图形是受众视觉首先和主要关注的部分。

（3）文字为主型

这种构图采用文字占据整个或绝大部分画面的形式，具有风格感强、信息量大的特点（如图3-18至图3-20）。文字可以被视为文字化的图片，是受众视觉首先和主要关注的部分。

（4）分割对比型

这种构图法，通常将画面分割为等比或比例悬殊的两部分，意在通过色彩、明暗、虚实、内容等手段，形成对比效果（如图3-21至图3-24）。受众视觉会在两部分上进行往返停留。

（5）均匀对称型

这种构图法将画面划分为均匀对称的两部分或均匀分布的多部分，画面给人以和谐、稳定、安宁的感觉（如图3-25至图3-27）。受众视觉会在两部分或多部分上进行往返停留。

（6）居中强调型

这种构图将被强调的图形或文字居于画面中心部位，并简化背景，使受众视线在第一时间聚焦于此（如图3-28至图3-29）。采用该构图法时，背景务必要简洁，否则会弱化视觉突出感，使画面显得平庸、杂乱、无重点、无吸引力。

（7）散点放射型

这种构图一般是由一点向四周或某一方向做发散状，这样做既可统一视觉中心，又能制造热烈、欢快、纷繁、动感的画面效果（如图3-30至图3-32），但如果没有掌握好画面的统一与平衡，容易显得杂乱无章。受众视觉一般首先集中于中心点，然后做发散运动。

（8）突出重点型

这种构图主要通过色彩、内容、虚实等手段的对比，在画面中突出重点部分（如图3-33至图3-34）。居中强调型构图主要是在简洁的背景中突出画面的中心部分，而突出重点型构图大多是在复杂的画面中突出某一部位。

（9）韵律重复型

这种构图主要通过图形的不断重复而形成。一方面，它具有独特而强烈的画面风格，容易吸引受众目光；另一方面，它也因为单调重复而使画面容易显得枯燥乏味，令受众产生视觉疲劳，因此采用这种构图时，要注意融入一些画龙点睛的元素（如图3-35至图3-38）。受众视觉一般做流动性运动或找寻性运动，亦或是集中于画龙点睛处。

（10）流动指示型

这种构图主要是引导受众视线沿着某一方向解读图形，从而传达出图形蕴含的意义（如图3-39至图3-45）。采用该构图法，可使画面显得生动有趣、互动性强，但要注意保持引导方向的一致，不然会使画面显得杂乱、无重点。

（11）几何图形型

这种构图主要通过几何图形的重复、叠加而形成，受众视觉一般随着图形做探寻式运动。一方面，它具有独特而强烈的画面风格，容易吸引受众目光；另一方面，它也容易产生杂乱感或单调感。如果运用得当，能赋予设计现代感、视幻感或统一感，使熟悉或平凡的画面焕发新生（如图3-46至图3-49）；如果运用不当，会产生零散、死板的负面效果。

案例赏析

如图3-14，在这组纪伊国屋书店的商业招贴中，简·奥斯汀为你拉上窗帘，莎士比亚为你盖好被子，狄更斯为你关上灯。标准整体型构图，营造了宁静、温暖的画面效果。左下方的图书封面与招贴广告语，起到了画龙点睛的作用。

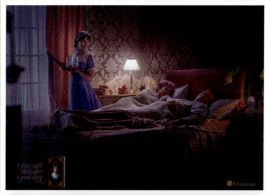
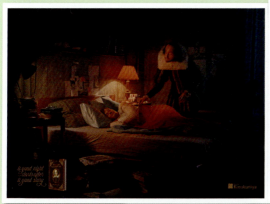
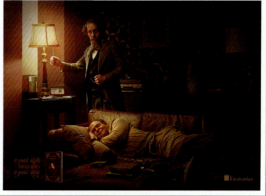

图3-14 商业招贴《好故事伴你入梦》

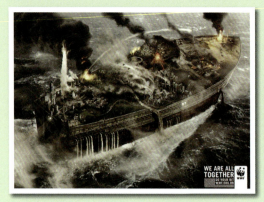
图 3-15 公益招贴《本是同根生》

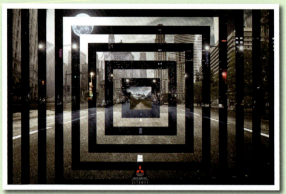
图 3-16 商业招贴《三菱欧蓝德》

案例赏析

如图 3-15，在这幅 WWF 公益招贴中，在一艘将要沉没的巨轮上，人类的战火仍在持续；城市仍在不断扩大；仅剩的资源被开采殆尽；各种工业污染永无休止……实际上，无论是人类之间的战争，还是人与自然之间的战争，结果都是人类在加速生命的灭绝。

案例赏析

如图 3-16，这幅三菱欧蓝德汽车的商业招贴，采用图片为主型构图＋视幻效果，令白天与黑夜、城市与山区的景色交错出现，反映了汽车的超强适应性。

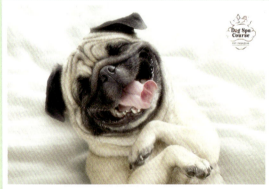

案例赏析

如图 3-17，这组宠物天堂宠物服务中心的商业招贴，将狗狗享受水疗时的快乐模样占满整个画面，以最为直观的方式赢得受众的心。

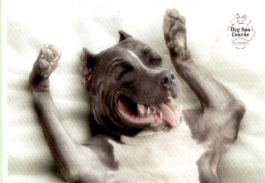
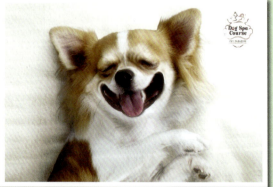

图 3-17 商业招贴《狗狗最爱的水疗》

图3-18 商业招贴《Danette 冰淇淋》

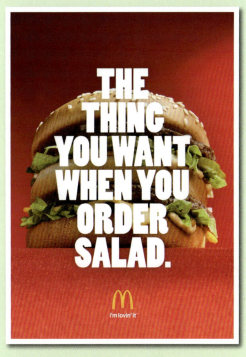

图3-19 商业招贴《完美搭配》

案例赏析

如图3-18,这组Danette巧克力冰淇淋的商业招贴,将简洁的字体设定为产品的标志色,既创造了清新时尚的画面效果,又加深了受众对产品的印象。

案例赏析

如图3-19,这幅麦当劳汉堡包的商业招贴,广告语是:"当你点沙拉时,肯定想搭配它。"鲜明的红色背景为最底层,居中的超大汉堡包为第二层,醒目的白色文字为最上层,创造了对比强烈、层次分明而又和谐统一的画面效果。

案例赏析

如图3-20,这幅土豆网的招聘招贴,将老海报风格与精彩的文案相结合,画面效果卓尔不群。

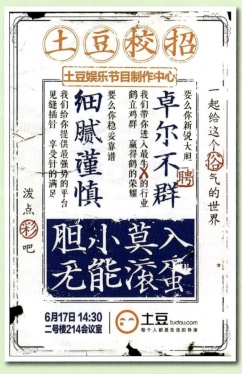

图3-20 商业招贴《土豆校招》

案例赏析

如图 3-21，这组国际保护动物论坛（National Forum for the Defense and Protection of Animals）推出的反对监禁动物、反对强迫动物表演的公益招贴，以虚实对比的手法警醒受众：动物不是用来取悦人类的玩物。左右两边图形在色彩明暗上的对比，也暗喻了人类的残忍与疯狂，以及动物所饱受的痛苦。

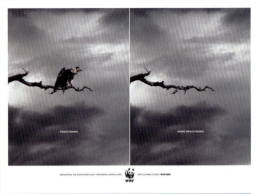

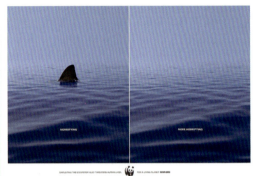

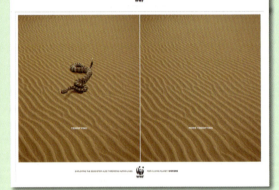

图 3-22　公益招贴《它们正在消失》

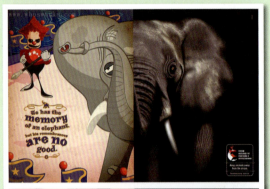

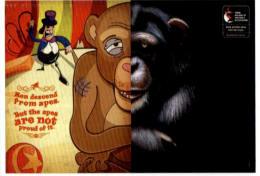

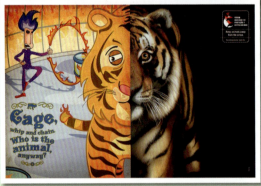

图 3-21　公益招贴《动物不是玩具》

案例赏析

如图 3-22，这组 WWF 公益招贴，荣获 2010 年戛纳国际创意节·户外银奖、2010 年国际金鼓广告奖银奖、2010 年 EPICA 印刷·银奖等多项国际广告大奖。它以有无对比的手法，引发受众对濒危动物的关注。

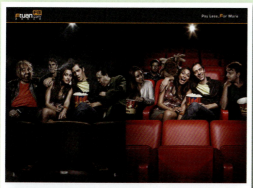

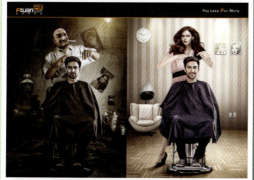

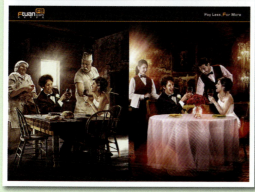

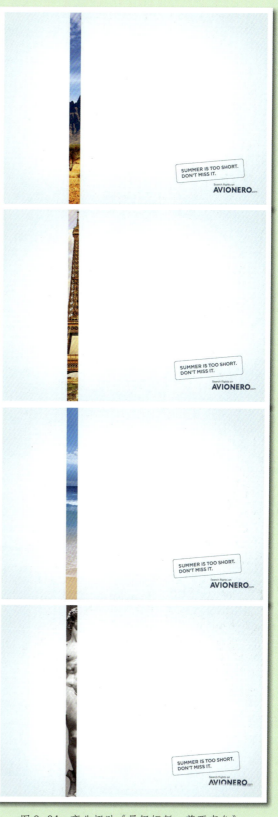

图 3-23　商业招贴《更少花费，更高品质》

案例赏析

如图 3-23，这组 F 团团购网的商业招贴，采用好坏对比的手法，直观地切中了主题。

案例赏析

如图 3-24，这组 Avionero 订票网站的商业招贴，以比例悬殊的构图切中"暑假短暂，莫要辜负"的主题，进一步引出"赶紧到 Avionero.com 订票"的信息。

图 3-24　商业招贴《暑假短暂，莫要辜负》

案例赏析

如图 3-25，这组印度蜜月旅行套餐的商业招贴，通过印度新娘手部彩绘的造型，巧妙地切合了蜜月旅行的主题，又令人联想到印度那瑰丽神秘的异国风情。

案例赏析

如图 3-26，这幅中国银行长城环球通借记卡的商业招贴，将象征中国的熊猫与象征澳大利亚的袋鼠对称摆放，画面温馨、和谐、可爱。

案例赏析

如图 3-27，这幅雅马哈摩托车的商业招贴，通过夸张的视觉造型与幽默的表现手法，突破了均匀对称构图法所营造的安定感，画面显得狂野不羁。

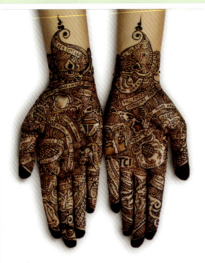
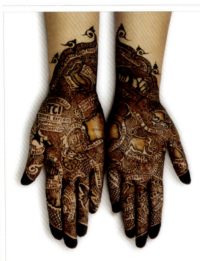
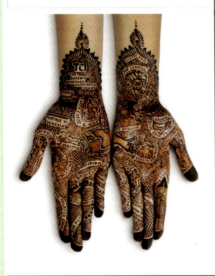

图 3-25　商业招贴《蜜月旅行》

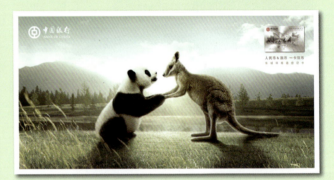

图 3-26　商业招贴《一卡双币》

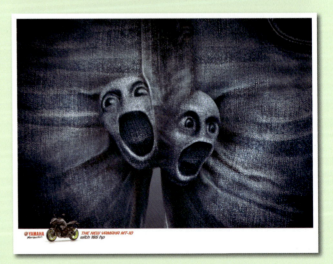

图 3-27　商业招贴《呼啸的蛋蛋》

案例赏析

如图3-28，这幅Ecovia的公益招贴，以居中的创意图形搭配简洁的背景，极富警示感。

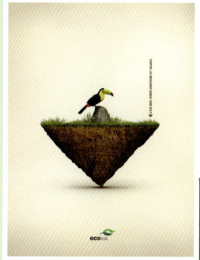
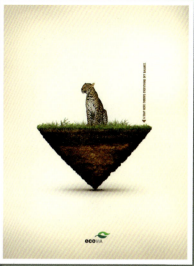

图3-28　公益招贴《摇摇欲倒的生态平衡》

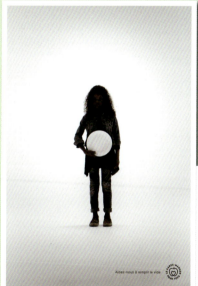

图3-29　公益招贴《空空如也》

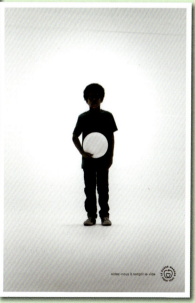

案例赏析

如图3-29，在这组Le Garde-Manger Pour Tous组织（一个致力于提高贫困儿童营养健康状况的公益组织）的公益招贴中，放在腹部的空盘子象征空空的肚子，居中的人物形象搭配极简的背景，引发受众视觉的高度集中，切合了关注儿童饥饿问题的主题。

案例赏析

如图 3-30，这组梦龙雪糕的商业招贴，通过发散性构图，展现了食料的丰富和美味，画面热烈、欢快，视觉冲击力强。

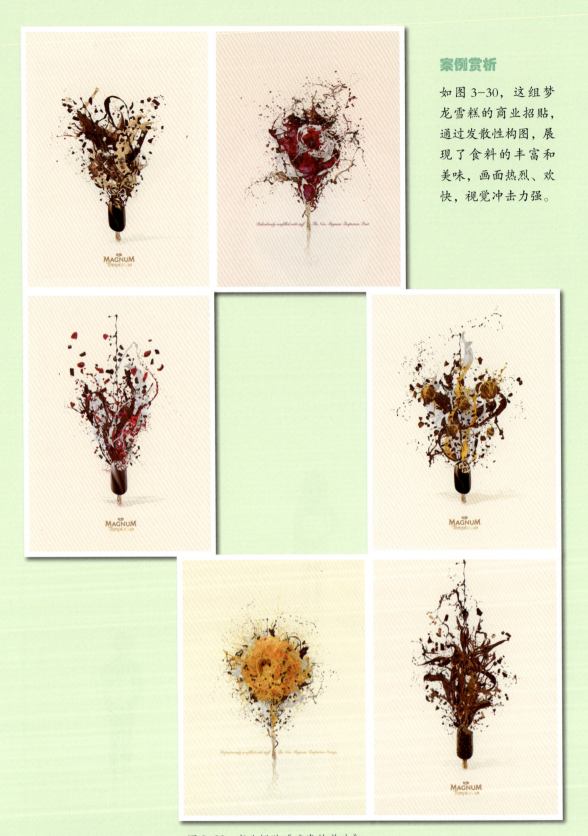

图 3-30　商业招贴《喷发的美味》

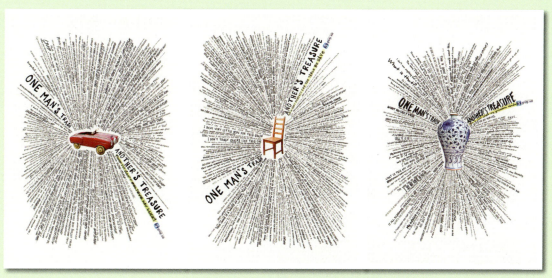

图 3-31　商业招贴《你的闲置物，没准就是他的宝物》

案例赏析

如图 3-31，这组闲置物交易网站的商业招贴，通过发散性构图，展现了信息的传播与交流。

案例赏析

1. Bigbang 是可口可乐公司推出的功能饮料，其卖点是"黑咖啡与可乐的融合"。
2. 如图 3-32 所示的该饮料的商业招贴，主题是"融合"。被打破的咖啡杯与可乐瓶的碎片，切中了产品卖点与主题，配合完美的色彩搭配，创造了动感十足、极富张力的散点放射型画面；而人物图形起到了收聚点的作用，使视觉效果散而不乱。

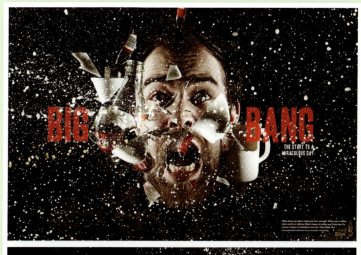

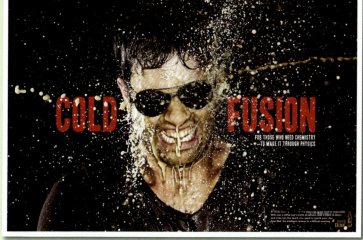

图 3-32　商业招贴《融合》

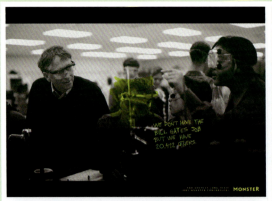
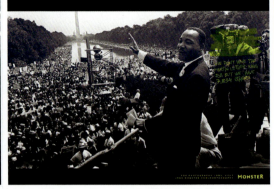
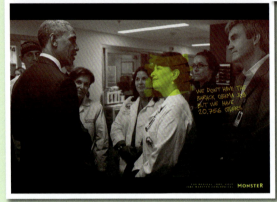

案例赏析

如图 3-33，这组鬼爪功能饮料的商业招贴，通过色彩对比起到了突出作用，切中了广告语："你或许无法成为名人，但你有属于自己的能量。"

图 3-33　商业招贴《属于你自己的能量》

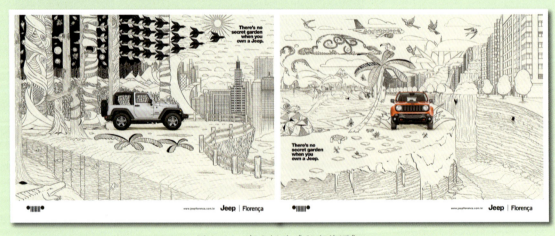

图 3-34　商业招贴《秘密花园》

案例赏析

如图 3-34，这组 Jeep 越野车的商业招贴，采用虚实对比的手法，通过铅笔画背景突出实体车，巧妙切中了广告语："当你拥有一辆 Jeep 时，这世上就不存在什么秘密花园了。"

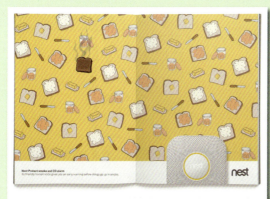

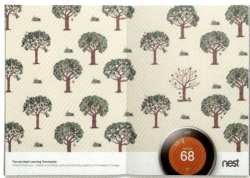

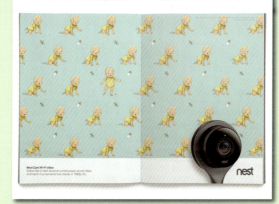

图 3-35　商业招贴《找找有何不同》

案例赏析

如图 3-36，这组肯德基的商业招贴，将韵律重复型构图与突出重点型构图相结合，突出了鸡块分量大、食材真、味道好的卖点。

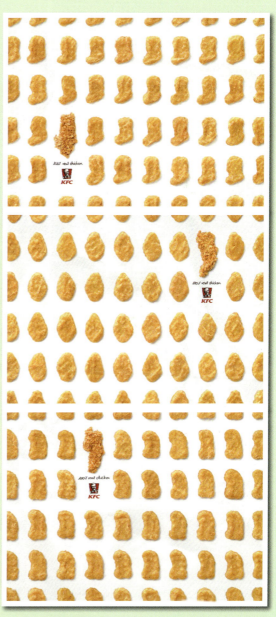

案例赏析

如图 3-35，这组 Nest 监控摄像头的商业招贴，在众多相同图形中隐藏了一个不同图形，既彰显了摄像头的精尖品质，又引发了受众的探索兴趣。

图 3-36　商业招贴《100% 鸡肉》

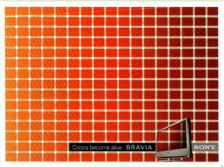
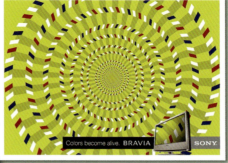

图 3-37　商业招贴《色彩活了》

案例赏析

如图 3-37，这组索尼液晶电视的商业招贴，通过韵律重复型构图，形成视幻效果，直观生动地传达了产品卖点。

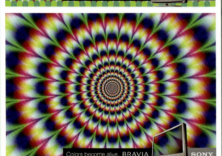

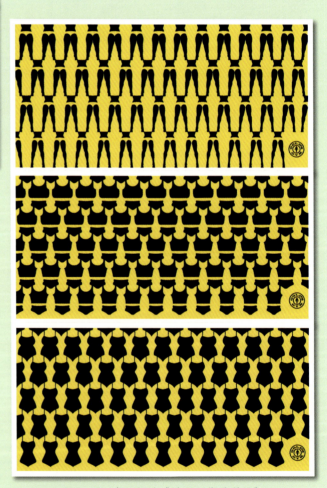

案例赏析

如图 3-38，这组 GYM 健身俱乐部的商业招贴，看似是相同图形的不断重复，但仔细观察就会发现，这是一个循序渐进的瘦身过程。这种视觉创意令来此俱乐部健身的过程与结果显得更为直观而健康。

图 3-38　商业招贴《过程，你看得见》

案例赏析

如图 3-39，这组麦当劳的商业招贴，采用纵向流动指示型构图，以直观的方式展示了食材溯源。

案例赏析

如图 3-40，这组 BIC 水笔的商业招贴，采用纵向流动指示型构图，形象地展现了该水笔的书写长度可达 2 千米，约合 6 个埃菲尔铁塔或 4 个帝国大厦，由此反映了大容量的产品卖点。

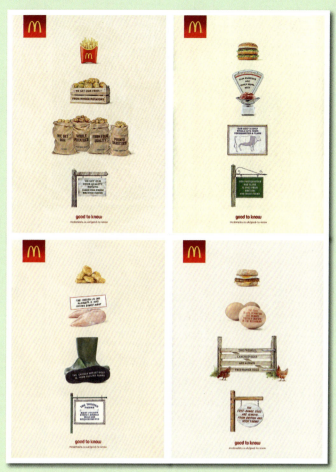

图 3-39 商业招贴《安全的食材来源，顾客均可查询到》

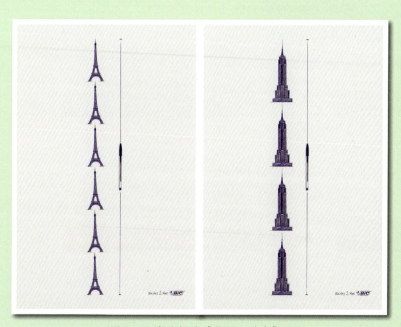

图 3-40 商业招贴《能写 2 千米》

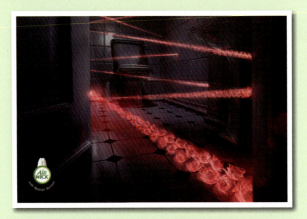

图 3-41 商业招贴《玫瑰红外线》

案例赏析

如图 3-41，这幅 Airwick 空气清新剂的商业招贴，采用变向流动指示型构图，将玫瑰的物象幻化成红外线，从视觉上就令人联想到那股隐约而又沁人心脾的芬芳感。

案例赏析

如图 3-42，这组卡尼尔眼部滚珠的商业招贴，采用横向流动指示型构图，展现了工作状态与约会状态的滚动切换，由此切中"轻轻一滚，倦容全消"的产品卖点。

案例赏析

如图 3-43，这组卡朗达什蜡笔的商业招贴，采用横向流动指示型构图，将自然与日常生活中的众多事物浓缩融合于一支蜡笔的意象中，配合明快利落、对比鲜明的彩色搭配，创造出丰富而不凌乱、简洁而不简单的视觉效果。

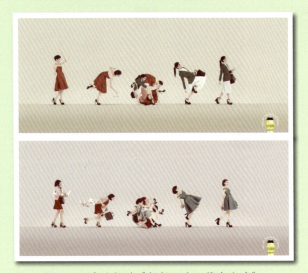

图 3-42 商业招贴《轻轻一滚，倦容全消》

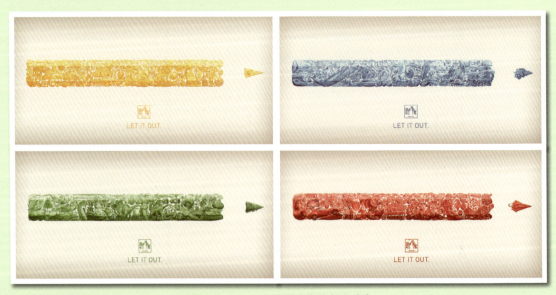

图 3-43 商业招贴《释放你的创作力》

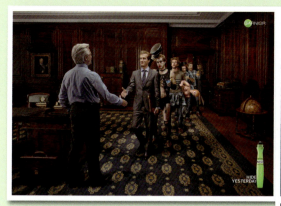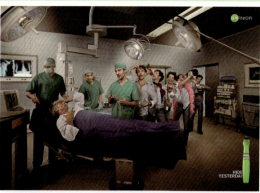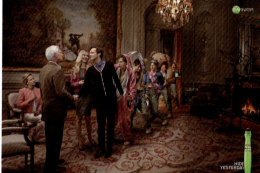

图 3-44　商业招贴《隐藏昨夜的疯狂》

案例赏析

如图 3-44，这组卡尼尔眼部走珠的商业招贴，采用由远及近的纵深流动指示型构图，以幽默的表达方式，切中了"轻轻一抹，瞬间掩藏昨夜的疯狂，令你神采奕奕"的卖点。

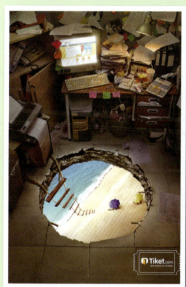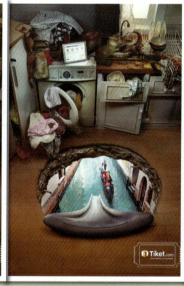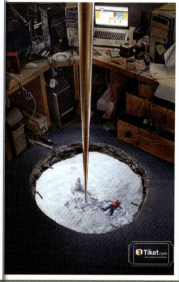

图 3-45　商业招贴《随时订票，任意看世界》

案例赏析

如图 3-45，这组 Tiket.com 订票网站的商业招贴，采用由近及远的纵深流动指示型构图，画面极富身临其境感，使受众瞬间产生从繁重的工作或家务中逃离出来的轻松感，以及投入到度假中的畅快感。

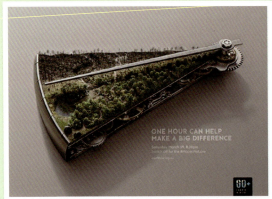
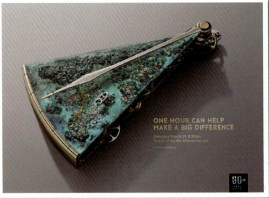
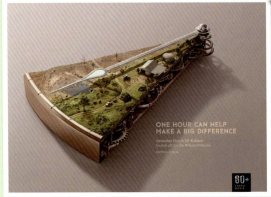

图3-46 公益招贴《为地球熄灯1小时》

案例赏析

如图3-46，这组"世界地球日，熄灯1小时"公益活动的宣传招贴，将象征1小时的30度角时钟与森林同构。时钟内又做了对比，一边是生机盎然，一边是满目疮痍，由此直观反映了广告语"仅仅1小时，对地球来说大不一样"。

案例赏析

如图3-47，这组名画展的宣传招贴，将几何图形叠加在名画上，使人们熟悉的名画展现出一种全新的视觉效果。

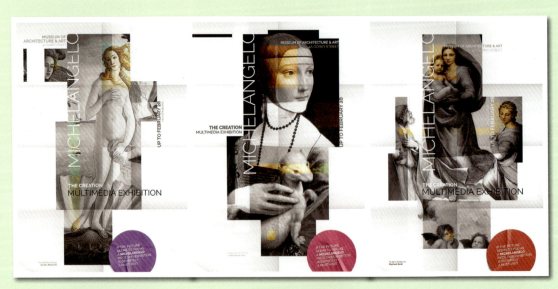

图3-47 商业招贴《代表作》

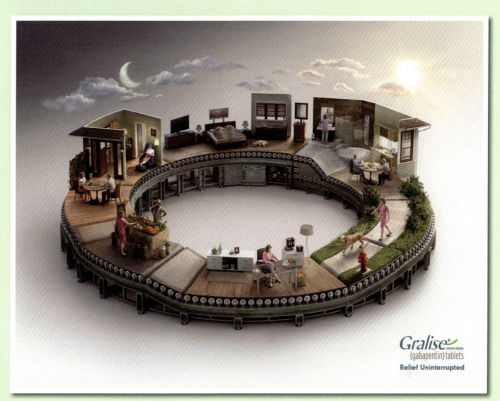

图 3-48　商业招贴《只需一片，精神全天》

案例赏析

如图 3-48，这幅 Gralise 药片的商业招贴，以钟表型构图，直观地展现了一个人全天各时段的生活场景，由此切中"只需一片，药效就可持续一整天"的产品特点。

案例赏析

如图 3-49，这组 WWF 公益招贴，画面被分割为三角形，以巧妙的构思切中了主题，并引发受众脑海中的动态联想。

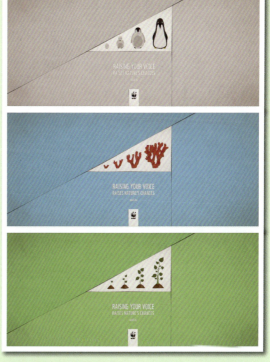

图 3-49　公益招贴《提高你的呼声，提升它们的生存空间》

实践训练

【关键词】

点、线、面、构图的基本类型与美学

【设计实践】

1. 分别设计一组点、线、面相关的招贴,主题和尺寸自定。参考案例如图3-50至图3-52。
2. 从本章所讲的构图的基本类型与美学出发,设计若干组招贴,主题和尺寸自定。参考案例如图3-53至图3-56。

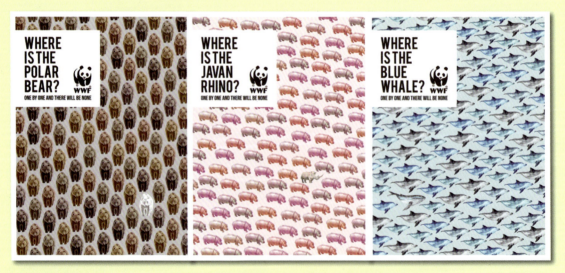

图3-50　公益招贴《终有一天,一只不剩》

案例分析

如图3-50,在这组WWF公益招贴中,众多河马中隐藏着一只犀牛,众多海豚中隐藏着一只蓝鲸,众多棕熊中隐藏着一只北极熊。点的构图元素与韵律重复型构图的结合,既引发了受众的互动,又切中了"一只接一只地杀,终有一天,一只不剩"的主题。

案例分析

如图3-51，这组WWF公益招贴，将线的构图元素与韵律重复型构图相结合，将老虎与斑马身上的条纹与牢笼的铁杆同构，切中"反对监禁动物，反对动物表演"的主题。

案例分析

如图3-52，这组李维斯牛仔装的商业招贴，用牛仔布拼贴出人物形象，构成了面，画面效果青春、时尚，符合目标受众的审美。

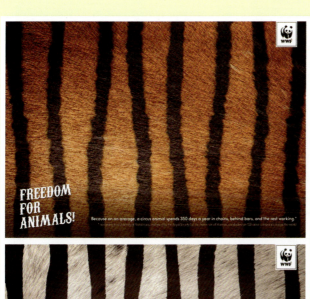

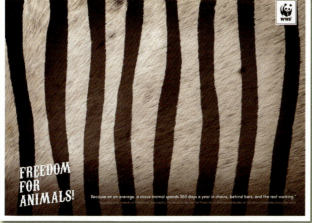

图3-51 公益招贴《给动物自由》

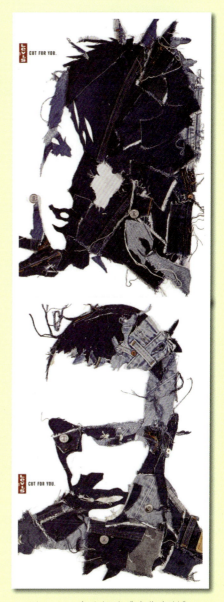

图3-52 商业招贴《为你定制》

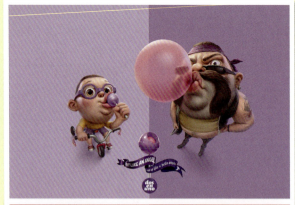

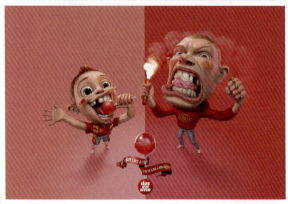

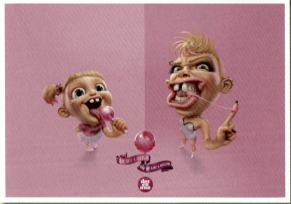

案例分析

1. 在每根 Dos en Uno 棒棒糖中,含有一颗泡泡糖。如图 3-53,这组该棒棒糖的商业招贴,广告语分别是:"以天使开始,以地狱天使结束""以球迷开始,以足球流氓结束""以童星开始,以摇滚明星结束"。

2. 招贴采用中分对比型构图,将小天使、球迷、童星代表的棒棒糖置于左边,将地狱天使、足球流氓、摇滚明星代表的泡泡糖置于右边。为了配合较为复杂的图形,两边的背景色采用了同色相的不同纯度进行对比,既缓和了视觉刺激感,使画面热烈、张扬而不凌乱,又切中了"棒棒糖与泡泡糖二合一"的卖点。

图 3-53 商业招贴《开始与结束》

案例分析

如图 3-54,这幅索尼耳机的商业招贴,采用居中强调型与散点放射型相结合的构图模式,切中"倾听到更多细节"的主题与卖点。

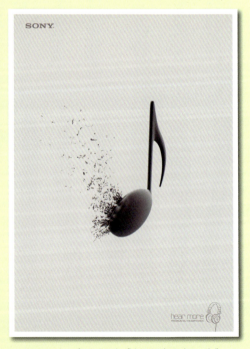

图 3-54 商业招贴《倾听到更多细节》

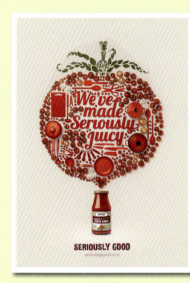
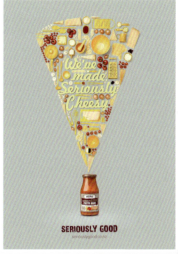
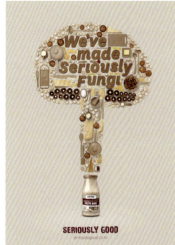
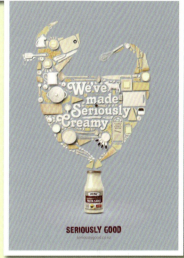

图 3-55 商业招贴《真材实料，造就好味道》

案例分析

如图 3-55，这组亨氏系列调味酱的商业招贴，采用散点放射型构图，将制作该款调味酱的原材料直观罗列出来，彰显了安全、健康、真材实料的品质。

案例分析

1. 有数据显示，1/3 曾遭受过虐待的儿童，长大后会变为施暴者。基于这个问题，Amigos for Kids 公益组织发起了"停止恶性循环"的活动。
2. 如图 3-56，这组该活动的宣传招贴，采用中分对比型与几何图形型相结合的构图模式，将施暴的成年人与受虐的儿童的肢体艺术化为两个环形，由此切中主题。

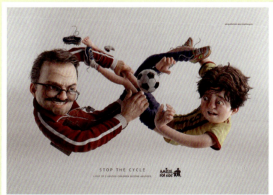
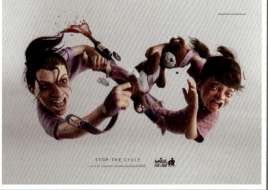

图 3-56 公益招贴《停止恶性循环》

扫码获取本章课件　　扫码获取本章短视频

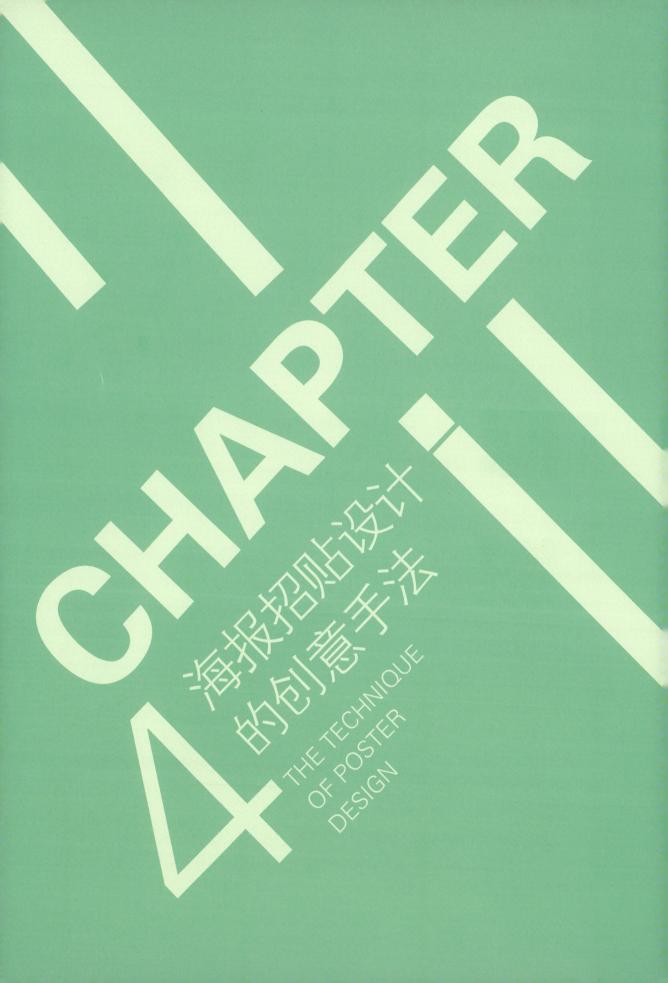

在海报招贴设计的创作过程中，创意手法主要体现为图形的分解与置换、形的意念组合、形的残缺与空白、形的图底共生、视错觉、肖似形、形的悖论结构与趣味空间这七种意象组合形式。

4.1 | 形的分解与置换

图形可被分解成若干部分，分解方法有形与影分解、形与背景分解、整体形中的二级形的分离等。分解时应注意，图形分解不是机械的切割，而是按其自身结构进行的自然分解，这样才能够保证部分置换后整体图形的和谐自然。

置换是在相似的前提下，被置换的新的部分和原有图形存在一定逻辑联系，从而使图形与意念自然连接，受众凭直觉就可解读出相关概念（如图4-1至图4-9）。

4.2 | 形的意念组合

形的意念组合是指运用联想的思维方法，以情感为中介，将两个或多个看似不相干的形象巧妙地组合到一起，形成夸张的意念，从而传达信息或情感，并给受众提供无限的联想空间，使"形"与"意"得到有效联结（如图4-10至图4-23）。

4.3 | 形的残缺与空白

图形在视觉上残缺或不完整，但给受众开放了广阔的想象空间，这就是形的残缺与空白的魅力。这种表现手法有如下两大优势。

首先，真正有表现力和感染力的不完全形能充分调动受众的想象力，达到"形有尽而意无穷"的境界。其次，简化或舍弃无关紧要的部分，视觉重点就被突出出来，设计师的真正意图可实现高效传达（如图4-24至图4-32）。

4.4 | 形的图底共生

"共生"原是生物现象，是指两个互无关系的生物通过结合而产生新的生物形态。将共生原理运用到设计中，便产生了共生图形。共生图形是指以相互依存为前提而共同存在的两个图形，二者缺一不可，当一方消失时，另一方也就无法存在。

共生图形以线或面为依存条件，当人们关注一幅共生图形时，总是会有选择地将少数事物或形态作为知觉的对象，被知觉的对象好像从中跳了出来，而其他形态则退到了后面。跳出来的形态就是知觉的对象，而退到后面去的形态就是背景。

共生图形显现出模棱两可性，它创造了一个特殊的形体，但前提是必须保证图形的集合性与完整性。互为图底的造型结构，在不直接展现物形轮廓的情况下，常常可以使隐藏的图形获得神秘的视觉效果和极强的心灵震撼，从而较好地完成视觉的转移与意念的转换（如图4-33

至图 4-43）。

4.5 ｜视错觉

视错觉图形能给受众一种超乎寻常的视觉刺激，独具个性的视觉效果，可以引发新的趣味点，赋予画面更多内涵（如图 4-44 至图 4-50）。

4.6 ｜肖似形

肖似形是指通过对现实中物象的重新审视与视角转移，使图形表现出全新的概念，从而实现自然物象的语义再发现。从自然物象上发现新的视觉意义，往往是最难得的，但也最容易博得受众的认同。在这里，图形的整体形态相似性是关键。通过整体结构或质感的同构，可以物导出另一种概念或意境，从而使受众产生生动和富有情趣的联想，并领会创作者的设计意图（如图 4-51 至图 4-59）。

4.7 ｜形的悖论结构与趣味空间

悖论图形是指把反常态的、荒诞的、违背逻辑的图形组合在一起，从而打破自然界的客观现实或人们的通常认知。不合逻辑的图形形态，能够造成视觉上的无尽趣味或深意（如图 4-60 至图 4-68）。

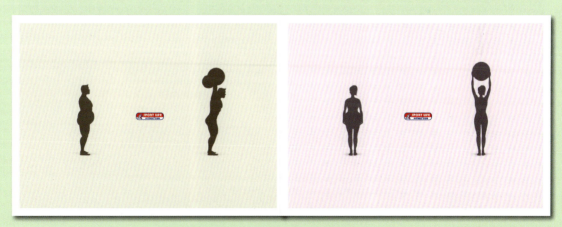

图 4-1　商业招贴《动起来》

案例赏析

如图 4-1，这组 Sport Life 健身俱乐部的商业招贴，荣获 2014 年金鼓国际广告节银奖。它将堆积的脂肪置换为健身器材，简洁而妙趣地展现了运动瘦身的理念。

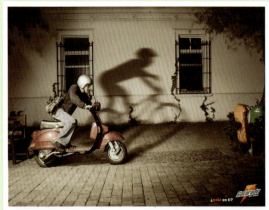
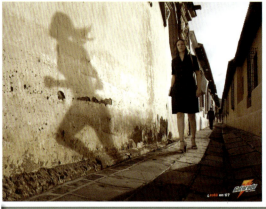
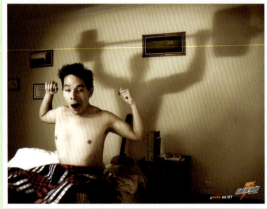

图 4-2　商业招贴《不来瓶佳得乐吗》

案例赏析

如图 4-2，这组佳得乐运动饮料的商业招贴，巧妙运用影子置换的表现手法，增强了画面的趣味性：骑电动车，身影被置换成骑动感单车；睡懒觉醒后伸懒腰，身影被置换成举重健身；无精打采地通勤，身影被置换成朝气蓬勃地晨跑。

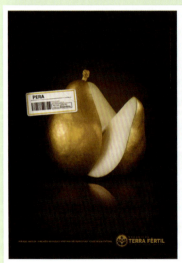
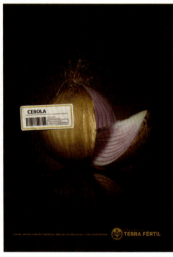
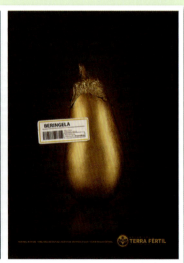

图 4-3　公益招贴《大自然的馈赠贵如金》

案例赏析

如图 4-3，这组拉丁美洲天然食品公司 Orgânicos Terra Fértil 推出的公益招贴，将蔬果外皮置换成黄金，切中"每年有超过 1000 万吨的蔬果被浪费，珍惜大自然赐予我们的宝贵财富"的广告语。

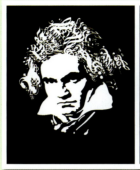 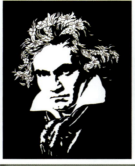 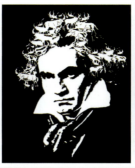 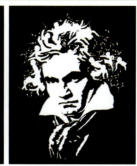

图 4-4　商业招贴《贝多芬第九交响曲》

案例赏析

如图 4-4，在这组贝多芬音乐会的宣传招贴中，设计大师福田繁雄将贝多芬的头发置换成烂漫的山花、奔跑的小鹿、飞舞的天使和跃动的音符，将贝多芬的音乐带给人们的无限遐想生动地展现出来。

案例赏析

如图 4-5，这组 Tendall Grill 烧烤的商业招贴，荣获 2016 年金铅笔广告奖（The One Show）银奖。它将欧洲贵族、骑士的头部置换成猪、牛、羊、鸡的头部，以此彰显食材的尊贵品质。

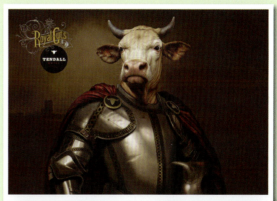
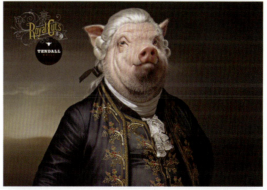
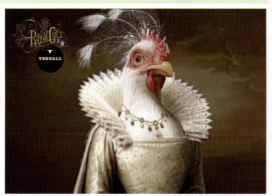
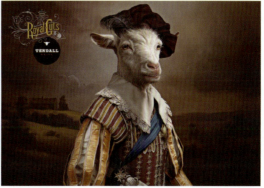

图 4-5　商业招贴《食材的尊贵品质》

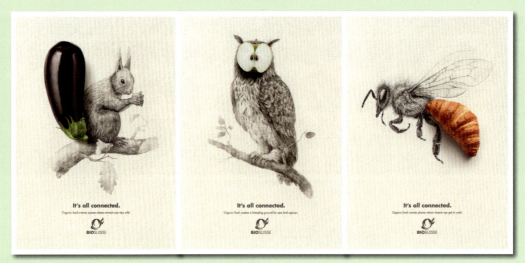

图 4-6　商业招贴《息息相关》

案例赏析

如图 4-6，这组瑞士有机认证（BIO SUISSE）的商业招贴，将动物身体的某部分置换成蔬果与面包，通过虚实对比，生动地展现了动物与有机食品之间的联系。

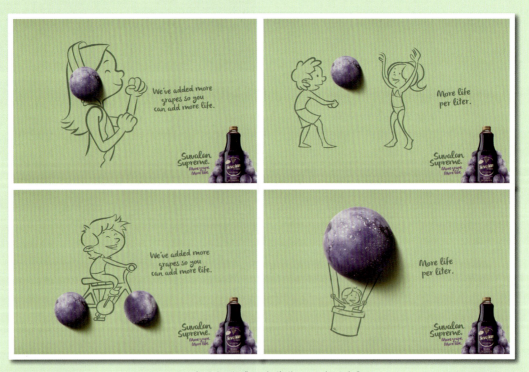

图 4-7　商业招贴《更多葡萄，更多活力》

案例赏析

如图 4-7，这组 Suvalan 葡萄汁的商业招贴，将漫画中的耳机等物品置换为实物葡萄，虚实对比的表现手法，搭配简洁清新的配色，展现出自然、健康、活泼的画面效果。

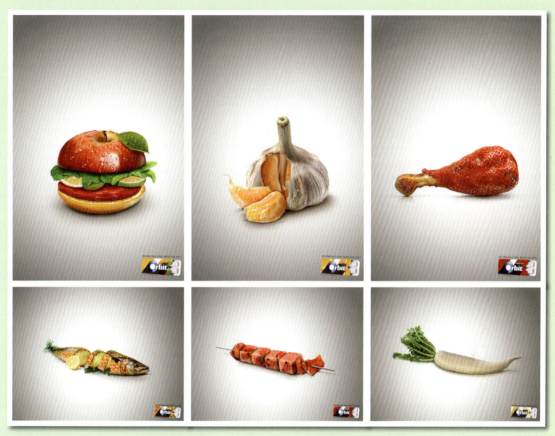

图 4-8 商业招贴《没人知道你吃过什么》

案例赏析

如图 4-8，这组 Orbit 口香糖的商业招贴，将不同食物进行了置换与组合，展现了清新口气的产品卖点。

案例赏析

如图 4-9，这组 Bango 酱油的商业招贴，将牛、羊、鸡的不同部位置换为该部位的美食，生动地切中了主题。

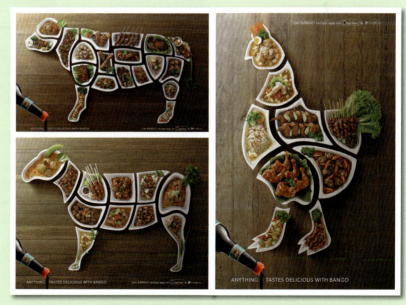

图 4-9 商业招贴《搭配什么都好吃》

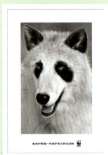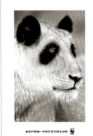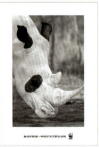

案例赏析

如图4-12，这组日产轩逸轿车的商业招贴，荣获2014年金铅笔广告奖优秀奖。它将人物与瓷器同构，寓意事故中生命的脆弱，进而引出"日产轩逸轿车拥有六个气囊"的安全性卖点。

图4-10 公益招贴《像保护熊猫一样保护其他野生动物》

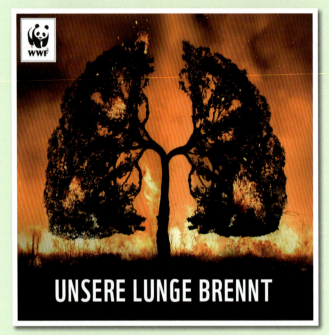

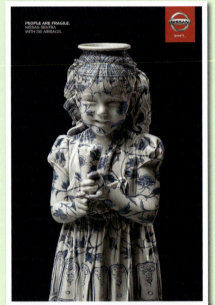

图4-11 公益招贴《燃烧的肺》

案例赏析

如图4-10，这组WWF公益招贴，将狼、犀牛、狮子的形象与熊猫的外形特征相结合，既使人产生这些动物被殴打的联想，又生动而强烈地表现了主题：停止对野生动物的摧残，像保护大熊猫一样保护它们。

案例赏析

森林被称为"地球的肺"。如图4-11，这幅WWF公益招贴，将被烧成两半的树与肺的意象同构，触目惊心地揭示了主题。

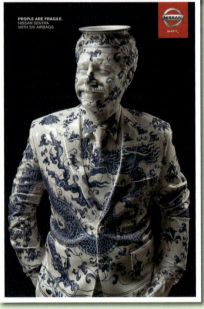

图4-12 商业招贴《生命是脆弱的》

案例赏析

如图4-13，在这组WWF公益招贴中，塑料瓶与沙漏同构，大象、犀牛等野生动物被扼住脖子、苦苦挣扎，由此切中主题："时间的流逝是对动物的生命而言的，不是对塑料而言的。"要知道，塑料至少需要400年才能降解！

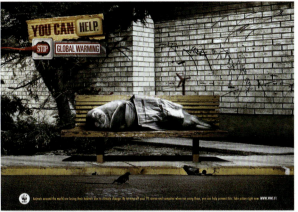

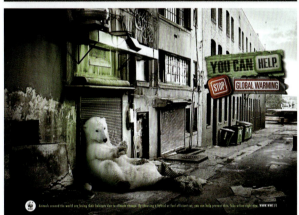

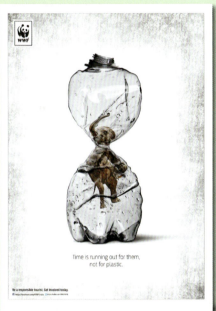

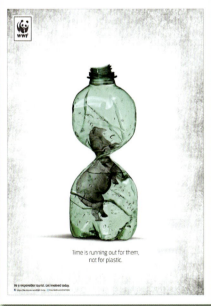

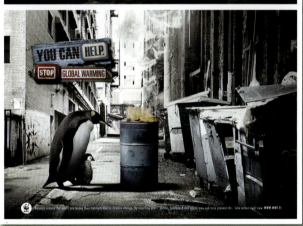

图4-14 公益招贴《你可以帮助这些"流浪汉"》

案例赏析

如图4-14，在这组WWF公益招贴中，因为全球变暖导致冰川消融，企鹅、北极熊、海豹等寒冷地区的动物失去了家园，设计师将其与流浪汉的形象同构，看上去令人心酸，引发受众"扼制全球变暖，保护动物"的共鸣。

图4-13 公益招贴《塑料沙漏》

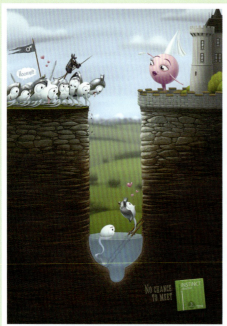

案例赏析

如图 4-16，这组 WWF 公益招贴，荣获 2011 年欧洲广告节平面类金奖。图中，大象、猎豹和鹦鹉等野生动物的身体化作荒沙，即将消失，由此警醒受众：人类对自然生态的破坏导致荒漠化问题日益严重，野生动物因此濒临灭绝。

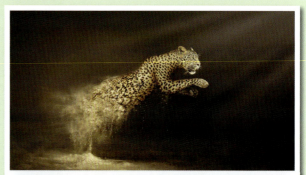

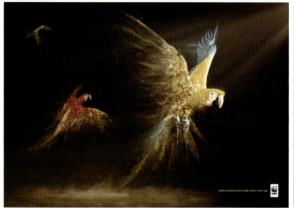

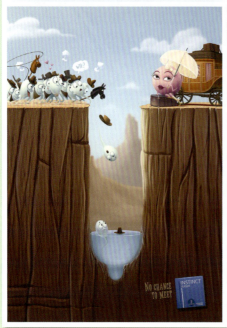

图 4-15　商业招贴《无缘亲近》

案例赏析

如图 4-15，这组 Instinct 安全套的商业招贴，将安全套与深渊同构，精子被拟人化为骑士、牛仔，卵子被拟人化为公主、贵妇，画面妙趣可爱。

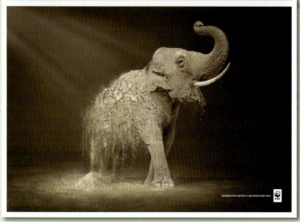

图 4-16　公益招贴《荒漠化》

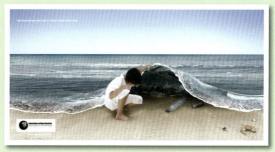

图 4-18　公益招贴《看不到不代表不存在》

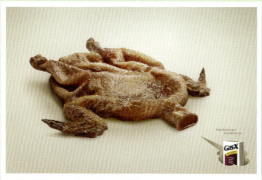

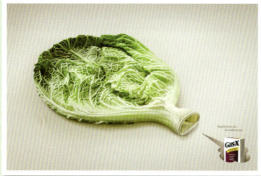

图 4-17　商业招贴《尽享美味，不惧腹胀》

案例赏析

如图 4-17，这组 Gas-X 缓解腹胀药品的商业招贴，将食物与被放气的气球同构，幽默地诠释了药效。

案例赏析

如图 4-18，在这幅广告无国界组织的公益招贴中，海水与遮盖垃圾的帆布同构，超现实的画面使主题得到了深化：看不到，不代表不存在。不要让海洋成为我们破坏生态的遮羞布！

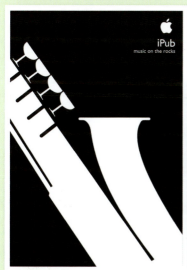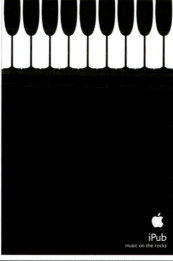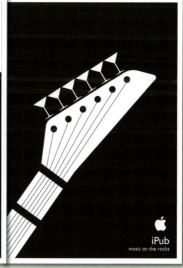

图 4-19　商业招贴《加冰的音乐》

案例赏析

如图 4-19，在这幅苹果 iPod 的商业招贴中，乐器与酒杯的组合浑然天成，让人仿佛感受到加冰威士忌的润滑与音乐的美妙，Pub 的气氛油然而生，由此彰显 iPod 的高品质音质。

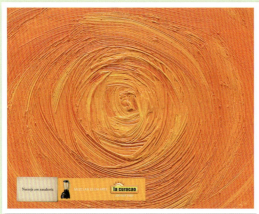
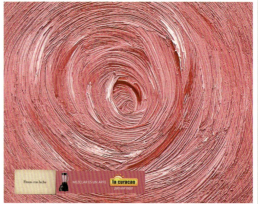
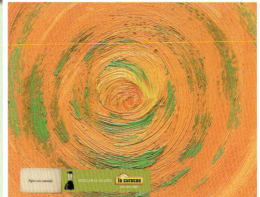

图 4-20　商业招贴《混合的艺术》

案例赏析

如图 4-20，这组 La Curacao 榨汁机的商业招贴，将混合蔬果榨汁时榨汁机高速旋转的意象与油画描摹的旋涡意象同构，色彩代表了不同的食材。混合果汁的浓醇与油画颜料的稠滑的意念同构，可谓神来之笔。

案例赏析

如图 4-21，这组 Jeep 越野车的商业招贴，将溅起的泥沙与城市街景同构，画面充满了狂野的魅力。

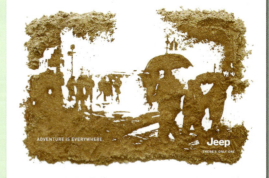

图 4-21　商业招贴《冒险无处不在》

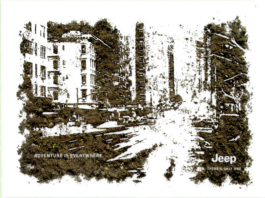
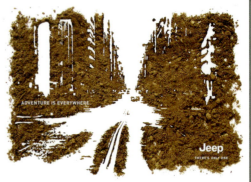

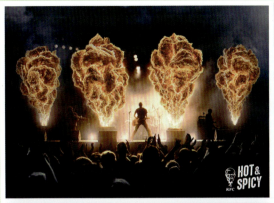
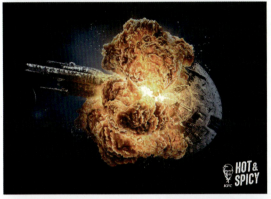
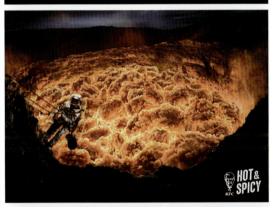
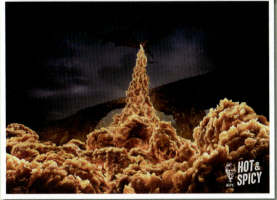

案例赏析

如图 4-22，这组肯德基火辣鸡翅的商业招贴，荣获 2019 年夏纳国际创意节·工业制作银奖。它将火辣鸡翅与岩浆、喷火龙喷出的火、星际碰撞造成的爆炸火光、演唱会焰火等意象同构，切中"火辣"的主题，色彩对比强烈，视觉效果劲爆。

案例赏析

如图 4-23，这幅索尼入耳式耳机的商业招贴，将耳机与女性的子宫同构，使受众产生自己是胎儿，在妈妈子宫内聆听声音的联想，从视觉上引导受众想象产品所带来的舒适、安心、惬意的听觉享受。

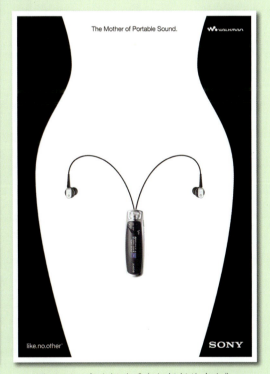

图 4-22 商业招贴《HOT！HOT！HOT！》

图 4-23 商业招贴《宛如妈妈的声音》

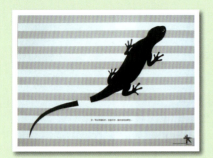

图 4-24 公益招贴《它有再生能力，你呢？》

案例赏析

图 4-24 所示的是著名平面设计师陈邵华先生的招贴作品。断掉的壁虎尾巴提醒人们：如果你没有壁虎尾巴那种再生的超能力，还是乖乖遵守交通规则吧。

案例赏析

如图 4-25，德国漫画家与设计大师莱克斯·德文斯基的这幅招贴作品，利用形的不完整，直观生动地展示了马太效应：穷人所失去的，恰恰是富人所占有的，穷者越穷，富者越富。

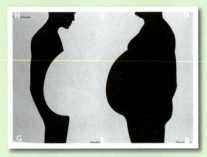

图 4-25 公益招贴《炒股是一种"合法"的掠夺》

案例赏析

图 4-26 所示的作品荣获第 13 届国际招贴画双年展优秀奖。图中的手虽然做出"胜利"的手势，但我们无法忽视那些失去的手指，正是那些残缺的部分提醒人们：战争中所谓的胜利，是要付出巨大代价的。

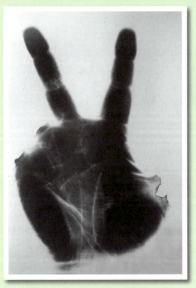

图 4-26 公益招贴《胜利》

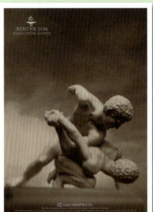

案例赏析

如图 4-27，这组 2004 年雅典残奥会的宣传招贴，运用残缺之美的表现手法，对"掷铁饼者"等古希腊雕塑进行再创作，完美地诠释了主题并展现了自强不息的残奥会精神。

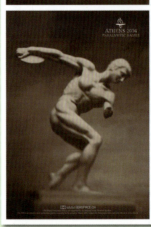
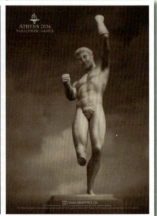

图 4-27 宣传招贴《2004 年雅典残奥会》

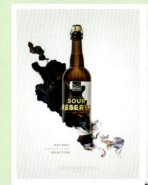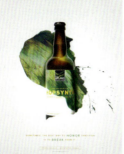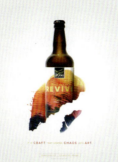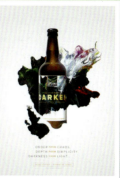

图 4-28　商业招贴《Upland 酒水》

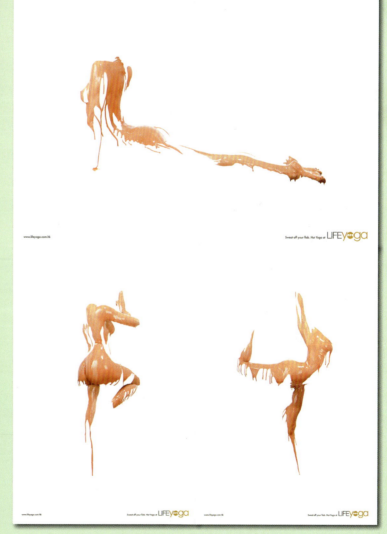

案例赏析

如图 4-28，这组 Upland Sour Ales 酒水的商业招贴，只显示部分瓶身，多变的形态、绚丽的色彩，与简洁的背景形成强烈对比，原本普通的酒瓶变得丰富绚丽。

案例赏析

如图 4-29，在这组 Life Yoga 瑜伽健身俱乐部的商业招贴中，人物曼妙的身姿若隐若现，如蜡油流淌的艺术化处理，象征了"燃脂瘦身"。残缺的表现手法，既给了受众丰富的想象空间，又强化了代入感。

图 4-29　商业招贴《燃脂》

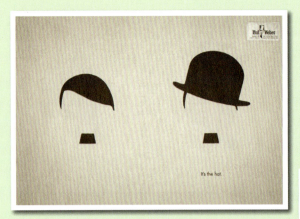

图 4-30　商业招贴《戴与不戴，截然不同》

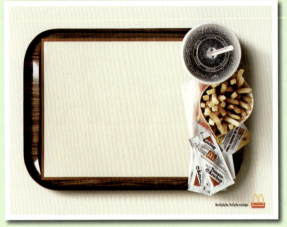

图 4-31　商业招贴《有多大，你猜》

案例赏析

如图 4-32，这组宜家的商业招贴，隐去了家具的具体意象，突出使用者的舒适之态，留给受众无尽的想象空间。

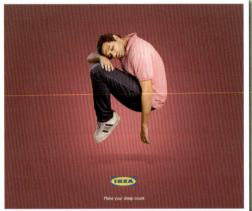

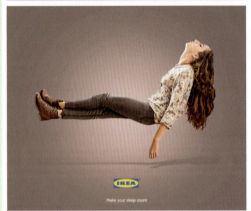

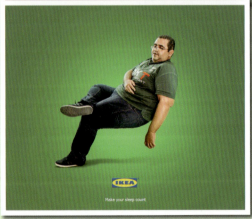

图 4-32　商业招贴《让你更自在》

案例赏析

如图 4-30，这幅 Hut Weber 帽子的商业招贴，幽默地诠释了一顶帽子带来的区别：戴上就是卓别林，不戴就是希特勒。该作品构思极为巧妙，视觉效果简洁而对比强烈。形的残缺手法，令受众的注意力集中于帽子上。

案例赏析

如图 4-31，这幅麦当劳新巨无霸汉堡包的商业招贴，没有直观展现汉堡包有多大，只展现了绝大部分空着的托盘，把无尽想象力留给受众，由此切中"比你想象得还大"的卖点。

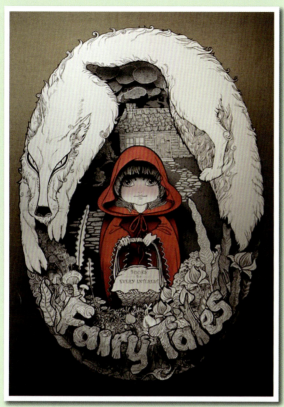

图 4-33　商业招贴《小红帽》

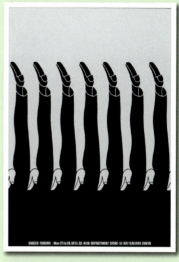

图 4-34　商业招贴《京王百货》

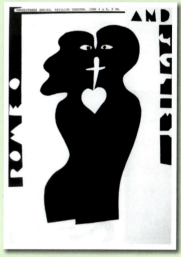

图 4-35　商业招贴《罗密欧与朱丽叶》

案例赏析

如图 4-33，在这幅企鹅图书出版的《格林童话》的商业招贴中，大灰狼弯曲的身体与企鹅图书的标志图案形成正负形。别出心裁的设计，令受众耳目一新。

案例赏析

如图 4-34，在这幅福田繁雄为日本京王百货设计的商业招贴中，男性与女性交织的腿形成黑白对比的正负形，并进行了上下重复并置，创造出简洁有趣的视觉效果。

案例赏析

如图 4-35，美国视觉大师兰尼·索曼斯为经典戏剧《罗密欧与朱丽叶》设计的商业招贴，生动地表达了莎翁笔下这一爱情悲剧的主题。图形正形为一对恋人，负形则是一把匕首，刺到两人的心上，一对青年男女纯真的爱情背后潜伏着重重杀机。该作品画面极为简洁，视觉效果强烈，准确而鲜明地表现了爱情与仇恨这两种情感的剧烈冲突。

案例赏析

如图4-36,《安东尼与克莉奥佩特拉》是莎士比亚的一部经典戏剧,在这幅该剧的海报中,美女身体与蛇的图底共生,使画面弥漫着一股诱惑、危险、不祥的气氛,暗示出男女主人公这场与政治纠葛在一起的爱情注定是个悲剧。设计大师莱克斯·德文斯基在设计该海报时,抓住了剧本的精髓,提炼出"美女与蛇"的概念,与戏剧的内容紧紧相扣:为了保住自己的国家,埃及艳后克莉奥佩特拉不惜用身体诱惑安东尼,就像毒蛇一样瓦解他的意志,而这条毒蛇又是克莉奥佩特拉最后用来自杀的尼罗河流域独有的剧毒小蛇。该作品用简洁的图形,传达出深层次的内涵,带给观众极高的艺术享受。

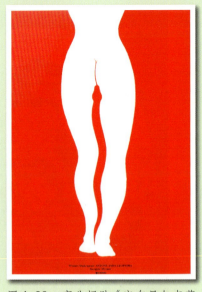

图4-36　商业招贴《安东尼与克莉奥佩特拉》

案例赏析

如图4-37,这组WWF公益招贴,荣获2012年EPICA平面设计银奖。它巧妙利用黑白对比与正负形,将鲸鱼、海狮、北极熊形象与世界地图融为一体,切中"命运共同体"这一主题。

案例赏析

如图4-38,仔细观察这组WWF公益招贴就会发现,它通过正负形,将熊猫、闹钟和泪眼三种意象融合在一起,警醒受众,保护生态已经迫在眉睫,否则人类终将流下悔恨的泪水。

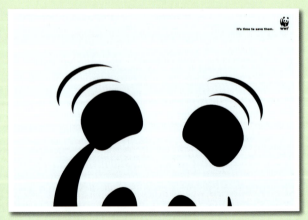

图4-37　公益招贴《命运共同体》　　　　图4-38　公益招贴《生态的警钟》

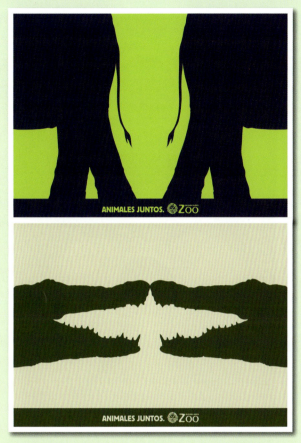

图 4-39　商业招贴《布宜诺斯艾利斯动物园》

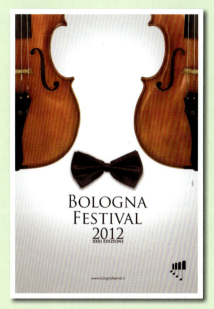

图 4-41　商业招贴《博洛尼亚音乐节》

案例赏析

如图 4-39，这组布宜诺斯艾利斯动物园的商业招贴，以对称式构图，将大象、蛇、鳄鱼、飞鸟的意象组合成正负图形，反映出动物之间相互依存的关系。

案例赏析

如图 4-40，在这组可口可乐的商业招贴中，黑人与白人的手、印度人与巴基斯坦人的手夹住瓶盖，协力组成一个可乐瓶的负形结构，由此生动诠释了和平、尊重、平等的主题。

案例赏析

如图 4-41，这幅 2012 年博洛尼亚音乐节的宣传招贴，将小提琴的正形结构与演奏者的负形结构巧妙融合，画风简洁优雅，完美切合主题。

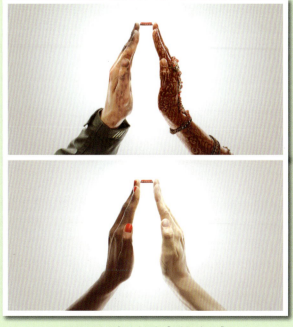

图 4-40　商业招贴《同组合一》

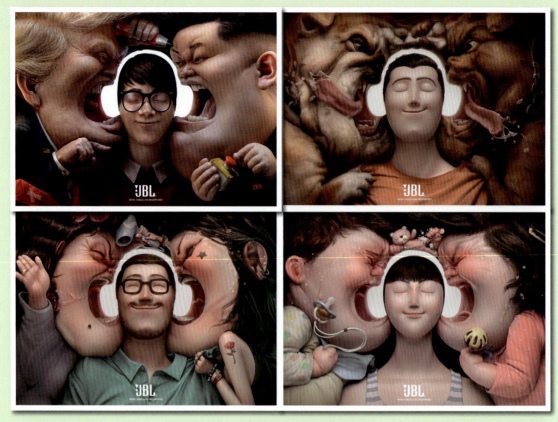

图 4-42　商业招贴《嘈杂中的宁静》

案例赏析

如图 4-42，这组 JBL 降噪耳机的商业招贴为 2017 年戛纳广告节获奖作品。图中，降噪耳机的负形结构以空白的手法展现出来，既与色彩复杂的正形结构形成对比，又留给受众无限想象空间。

案例赏析

如图 4-43，这组 United Way 推出的关于家庭暴力的公益招贴，荣获 2019 年 D&AD 木铅笔奖。男女人物形象通过正负形叠加在一起，反映了女性遭受身体与精神暴力的痛苦。

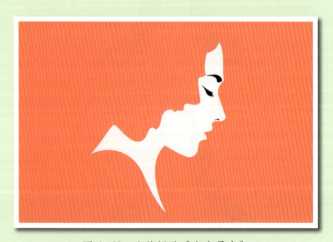

图 4-43　公益招贴《家庭暴力》

案例赏析

如图4-44,在这幅关于酒驾的公益招贴中,两个人物正侧面组成的视错觉图形,深刻反映了酒驾害人害己的主题。

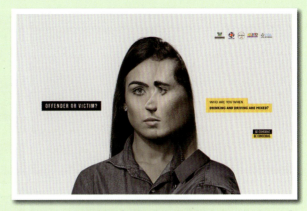

图4-44 公益招贴《酒驾时,你是加害者还是受害人》

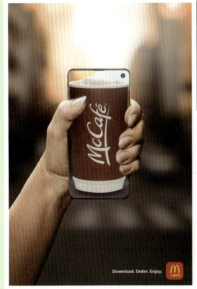

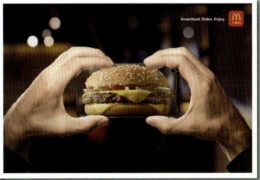

图4-45 商业招贴《下载,下单,享受》

案例赏析

如图4-45,这组麦当劳App的商业招贴,通过印有快餐图片的手机壳制造视错觉,好似快餐拿在手上一般,以此表现下载App进行下单的便捷和麦乐送的快速。

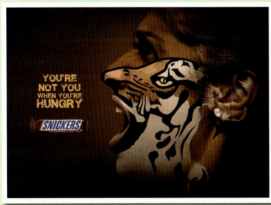
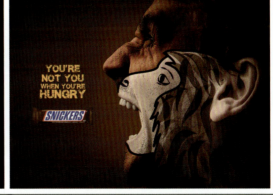

图4-46 商业招贴《横扫饥饿,做回自己》

案例赏析

如图4-46,这组士力架的商业招贴,通过人物面部彩绘制造视错觉,幽默地切中了主题。

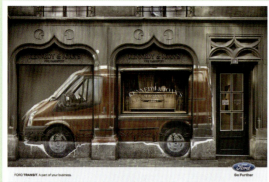
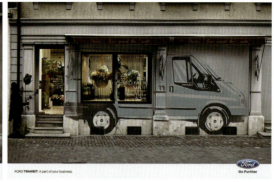
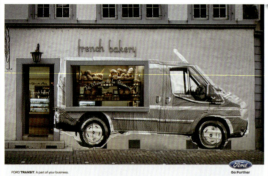

图4-47 商业招贴《超能装》

案例赏析

如图4-47，这组福特货车的商业招贴，通过虚实结合制造视错觉，直观形象地展示了超大装载量的卖点。

案例赏析

如图4-48，这组卡尼尔洗发水的商业招贴，荣获2013年戛纳国际创意节平面类银奖。抱在一起的男女人物形成视错觉图形，女性的头发乍看上去好像男性的长胡须，由此切中"男女通用、适合一切发质"的产品卖点。极具趣味性的画面，增强了受众对产品的印象。

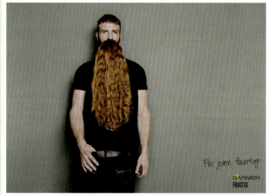

图4-48 商业招贴《适合任何发质》

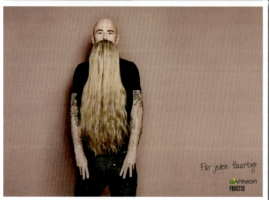
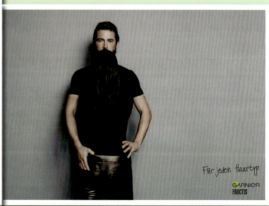

案例赏析

1. 无国界医生组织（MSF）是全球最大的独立人道医疗救援组织，致力于为受武装冲突、疫病和天灾影响，以及被排拒于医疗体系之外的人群提供人道主义医疗援助。
2. 如图4-49，这组该组织的公益招贴，获2019年D&AD平面与户外大奖提名。招贴采用水平对开构图法，以超现实的视幻手法切中该组织"坚守中立立场，不受国籍、种族、宗教、性别、政治等因素影响，只提供人道主义医疗援助"的原则。

案例赏析

如图4-50，这组Mandevu胡须护理霜的商业招贴，荣获2017年戛纳国际创意节印刷与出版类铜奖。它通过头发与胡须的超现实倒置，夸张地展现了产品卖点。

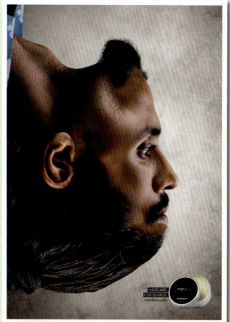

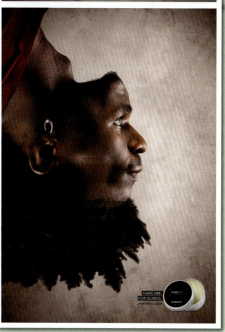

图4-50　商业招贴《浓密如发》

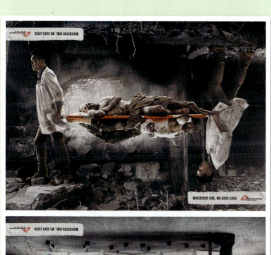

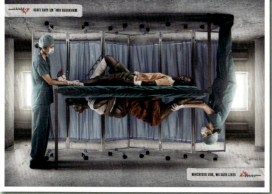

图4-49　公益招贴《无论哪边看，他们都在救人》

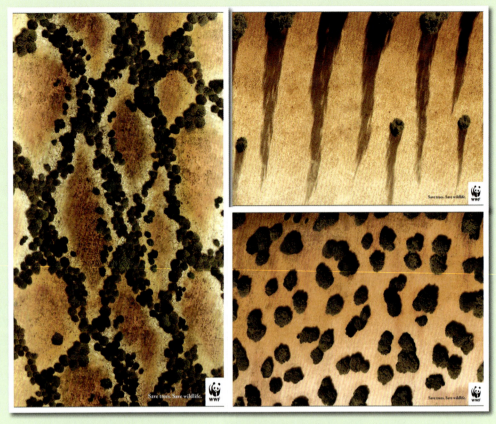

图 4-51 公益招贴《荒漠化》

案例赏析

如图 4-51，在这组 WWF 公益招贴中，荒漠与残存的些许植被，构成了动物皮毛的意象，由此揭示了荒漠化对野生动物及整个生态的影响。

案例赏析

如图 4-52，这组阿根廷国民医院推出的公益招贴，入围 2017 年戛纳国际创意节户外广告类评选。它利用通心粉与乳房的肖似形，切中了主题：这不仅是乳房，更是一个婴儿的食物来源，请允许妇女在公共场合哺乳。

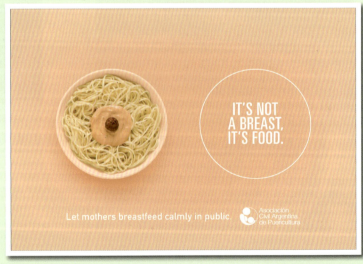

图 4-52 公益招贴《请允许女性在公共场合哺乳》

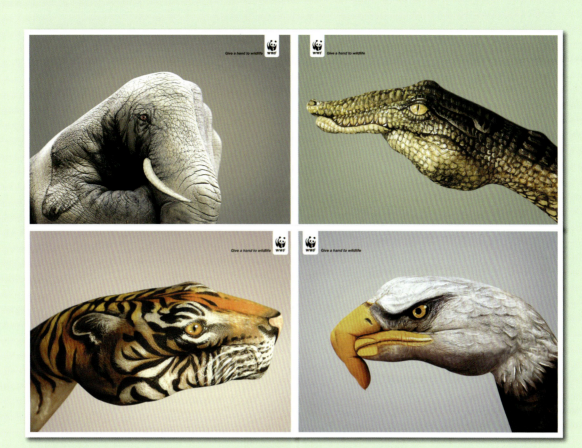

图 4-53 公益招贴《向野生动物伸把手》

案例赏析

如图 4-53，在这组 WWF 公益招贴中，人的一只手被彩绘成大象等野生动物的形象，由此切合主题并调动受众的参与情绪：向野生动物伸把手，在保护自然生态的事业中尽自己的一份力。

案例赏析

如图 4-54，这组 bbb 鞋靴的商业招贴，利用女鞋与兔耳朵的肖似性，展现了性感、俏皮、可爱的品牌风格。

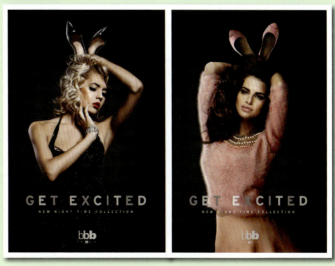

图 4-54 商业招贴《兔女郎》

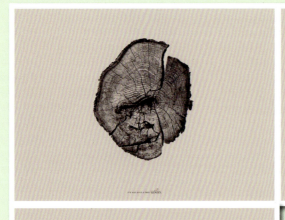
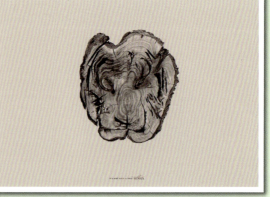

图 4-55 公益招贴《你破坏的，不仅仅是棵树》

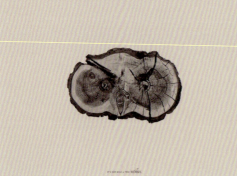

案例赏析

如图 4-55，这组 REFORESTA 公益招贴，利用被砍伐树木的横截面与老虎、猩猩、猫头鹰面部的相似性，反映了树木与动物之间的联系，揭示了滥砍滥伐对生态链的破坏。

案例赏析

如图 4-56，这组 WWF 公益招贴，荣获 2006 年戛纳国际创意节银奖、2007 年金铅笔广告奖铜奖等多项国际设计比赛大奖。如果放大绿叶中被蚕食的部分就会发现，它是城市的卫星图，由此揭示了城市化带给生态的巨大压力。

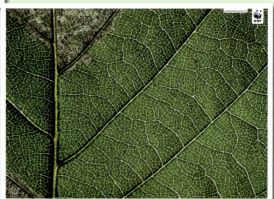
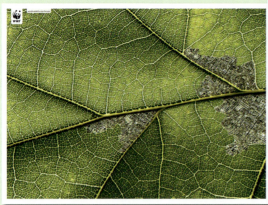
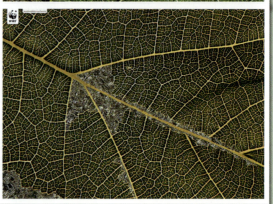

图 4-56 公益招贴《被蚕食的绿色》

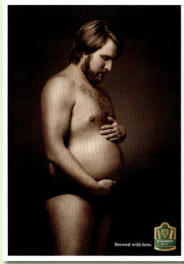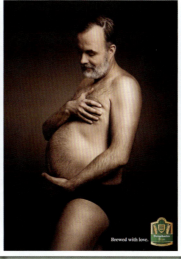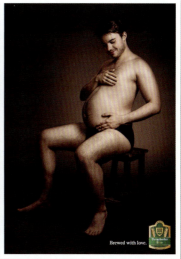

图 4-57　商业招贴《由满满的爱酝酿而成》

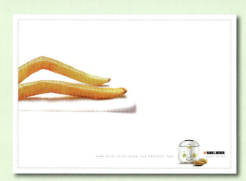

图 4-58　商业招贴《赋予你的薯条完美外形》

案例赏析

如图 4-57，这组 Bergedorfer Bier 啤酒的商业招贴，荣获 2015 年戛纳国际创意节印刷与出版类银奖。它利用男士的啤酒肚与孕妇肚的相似性，幽默而暖心地诠释了主题。

案例赏析

如图 4-58，这幅电热油炸锅的商业招贴利用薯条与美女性感双腿的相似性，生动有趣地展现出产品卖点。

案例赏析

1. 即使在当今世界，公司的管理层中，绝大部分仍是男性。巴黎欧莱雅对几组调查数据进行分析后发现，一家公司的管理层，如果女性比例能被提高到 30%，那么这家公司的利润率会上升 15%。

2. 如图 4-59，这幅巴黎欧莱雅推出的公益招贴，利用柱状数据图与口红的相似性，反映了上述数据。画面的色彩搭配鲜艳醒目，视觉刺激感强，发挥了吸引与警醒受众的作用。创意、配色与主题结合得天衣无缝。

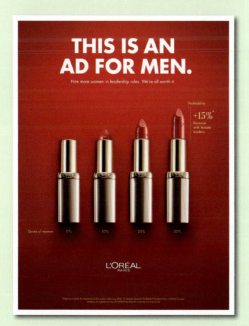

图 4-59　公益招贴《这是一个给男人们看的广告》

案例赏析

ALZHEIMER ATHENS 是希腊雅典一个致力于帮助患有阿尔茨海默症的老人及其家庭的公益组织。如图 4-60，在这幅该组织于世界阿尔茨海默症宣传日推出的公益招贴中，大象喷水，帮助鱼活下去的图形，切中了"帮助"这一主题。

案例赏析

如图 4-61，在这幅 WWF 公益招贴中，象征死亡的鲨鱼游弋于沉没到海中的城市建筑间，看上去阴森可怖。全球变暖导致海平面上升，当世界被海水淹没时，那种恐怖的景象会远超我们的想象。

案例赏析

如图 4-62，这组沈阳市心理研究所推出的公益招贴，以夸张的画面，让受众直面手机带来的阻隔问题，令其意识到自己对家人的忽视。

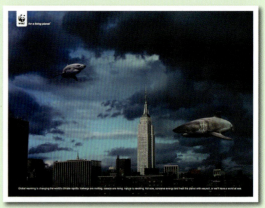

图 4-61　公益招贴《当世界被海水淹没》

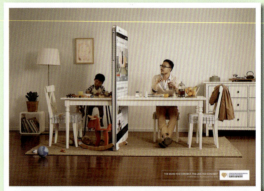

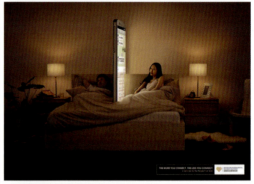

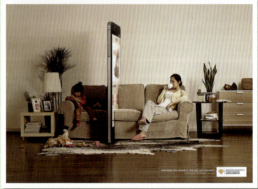

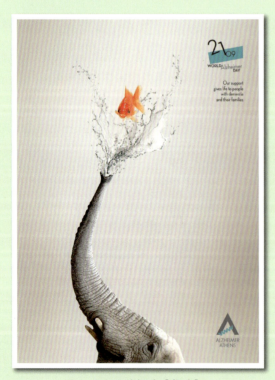

图 4-60　公益招贴《帮助》

图 4-62　公益招贴《手机带来的阻隔》

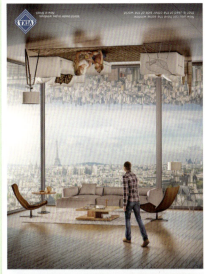
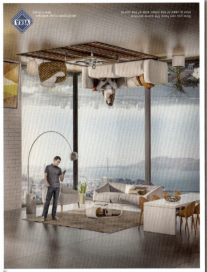
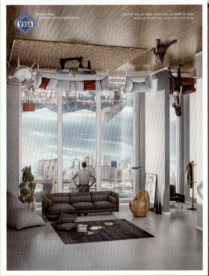

图4-63 商业招贴《全球都在用》

案例赏析

如图4-63，这组Veka聚氯乙烯塑料窗的商业招贴，采用上下均分型构图，将生活于南北半球的家庭使用该品牌窗户的场景巧妙结合，完美契合了"全球都在用"的主题。

案例赏析

如图4-64，在这组固特异汽车轮胎的商业招贴中，山间公路弯道的护栏上安置着名贵的瓷器，海边公路弯道的护栏上摆满了珍贵的名画。仅一句"相信它（绝不会碰到）"的广告语，就使人联想到轮胎超强的灵敏性、可控性和安全性。

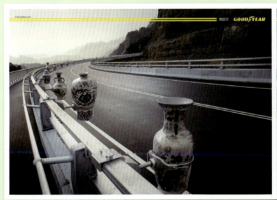
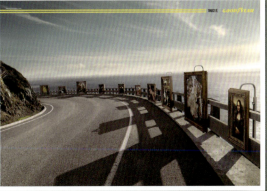

图4-64 商业招贴《相信它》

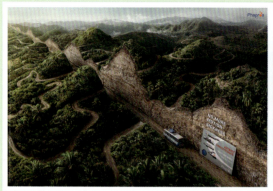 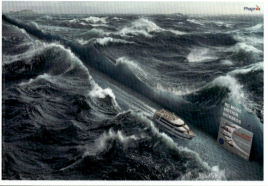

图 4-65 商业招贴《如履平地》

案例赏析

如图 4-65，这组 Phapros 晕车药的商业招贴，入围 2016 年戛纳国际创意节印刷与出版类评选。它创造了在海上或山间公路上如履平地的超现实画面，夸张地展示了产品卖点。

案例赏析

如图 4-66，这组贝立兹全球语言培训机构的商业招贴，荣获 2013 年戛纳国际创意节户外广告类金奖、2013 年亚太广告节平面类金奖。日本人口中有一个印度人、欧美人口中有一个阿拉伯人、黑人口中有一个亚洲人。幽默的超现实画面，夸张地展示了学习成果。

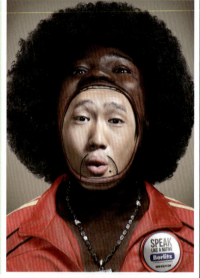

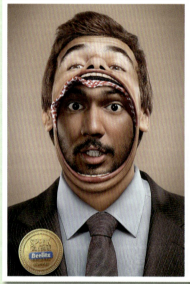 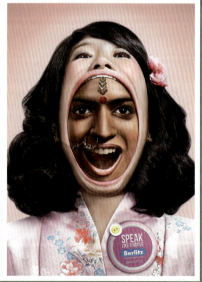

图 4-66 商业招贴《说得就像你有那国人的舌头》

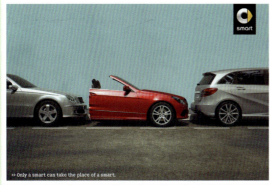
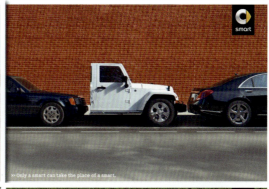
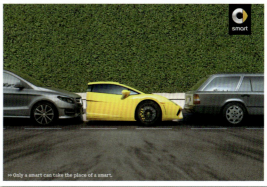

图 4-67　商业招贴《见缝插针，只有斯玛特能做到》

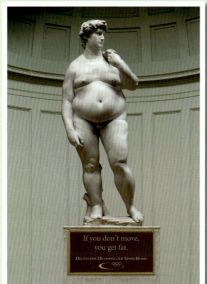

案例赏析

如图 4-67，在这组斯玛特汽车的商业招贴中，车身被锯掉了一半，由此引申出车身小、空间灵活性大的产品卖点。

案例赏析

如图 4-68，在这组德国奥林匹克体育同盟的宣传招贴中，大卫与林肯的雕像因为长期不动而发福了，超现实的画面幽默地引申出运动健身的主题。

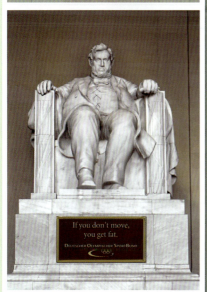

图 4-68　商业招贴《不运动就发胖》

实践训练

【关键词】

形的分解与置换、形的意念组合、形的残缺与空白、形的图底共生、视错觉、肖似形、形的悖论结构与趣味空间

【设计实践】

针对以上七种创意手法,各设计一组招贴,主题和尺寸自定。参考案例如图4-69至图4-76。

案例赏析

如图4-69,在这幅Wusthof刀具的商业招贴中,鲨鱼鱼鳍被置换为刀尖,刀具的锋利与顺畅的使用体验展现得淋漓尽致。

案例赏析

1. 根据联合国粮农组织2001年的报告,全球森林从1990年的39.6亿公顷,下降到2000年的38.7亿公顷。全球每年消失的森林近千万公顷。森林资源的锐减,会造成环境退化、物种多样性减少、全球变暖、地理环境剧变等诸多灾难性问题。
2. 如图4-70,这幅WWF公益招贴,利用汉字比划的残缺,暗喻森林毁灭最终带来的将是人类的灭亡。

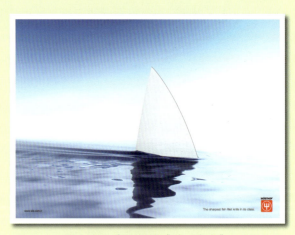

图4-69 商业招贴《游刃有鱼》

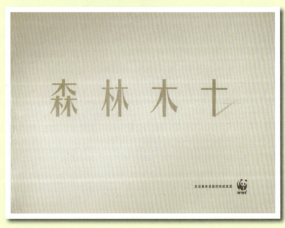

图4-70 公益招贴《关注森林资源的可持续发展》

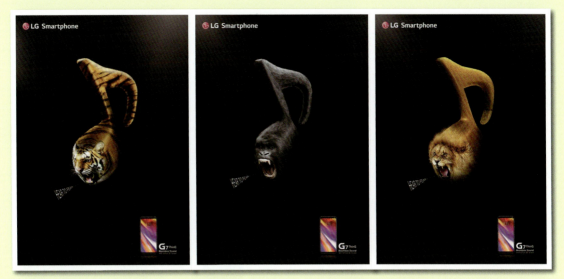

图 4-71　商业招贴《听得发毛》

案例赏析

如图 4-71，这组 LG G7 ThinQ 手机的商业招贴，将音符与老虎、狮子、猩猩的头部同构，由此彰显该款手机逼真的音响效果。

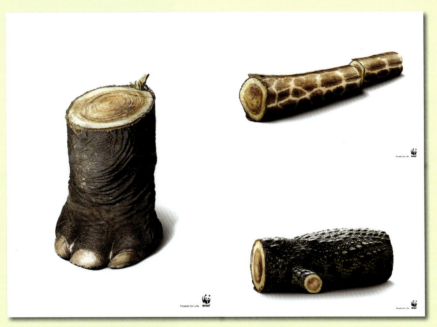

图 4-72　公益招贴《断肢》

案例赏析

如图 4-72，这组 WWF 公益招贴，荣获 2006 年克里奥国际广告奖（全球广告界最受推崇、最富盛誉的大奖赛之一）铜奖等多项国际大奖。它利用动物断肢与被砍伐的树木的肖似形，暗喻了森林资源遭破坏所带来的一系列问题，如生态链遭破坏、物种多样性减少。

案例赏析

如图 4-73，这组可口可乐公司推出的利用可乐瓶种植植物的公益招贴，利用手与和平鸽、亲吻的人与花组成了正负形，切中了活动主题。

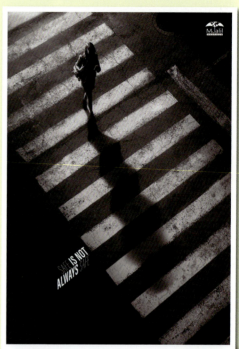

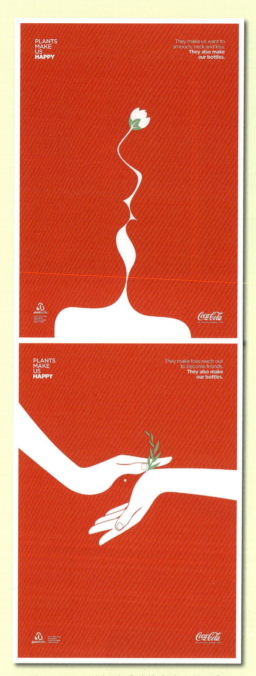

图 4-73　公益招贴《种植令我们快乐》

案例赏析

如图 4-74，这组 MJalil 保险的商业招贴，利用巧妙的视错觉设计，切中了"80% 的事故发生在看起来并不危险的地方，看似安全的斑马线，很可能变得像楼梯一样危险"的广告语，由此引发受众购买保险的欲求。

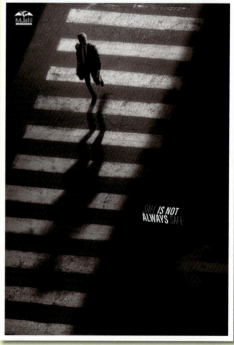

图 4-74　商业招贴《看似安全，实则危险》

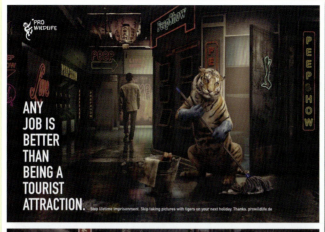

案例赏析

如图4-75，在这组Pro Wildlife的公益招贴中，大象蜷缩在小小的电动车上，在风雨中送外卖；本是百兽之王的老虎，任劳任怨地做着清洁工作。这种幽默而又令人心酸的表现手法，深刻地切中了主旨：呼吁大家游玩时不要和那些被当成景点的动物合影，没有买卖就没有监禁和虐待。

案例赏析

如图4-76，在这组Ginsana养生胶囊的商业招贴中，人物拿不动笔、牵不住狗、撕不开安全套的外包装，幽默夸张的画面，自然地引入了广告语："浑身没劲，连最简单的动作都应付不了？让Ginsana养生胶囊为你补充能量吧！"

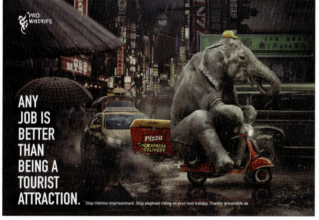

图4-75 公益招贴《做什么工作都比作为一个旅游景点要好》

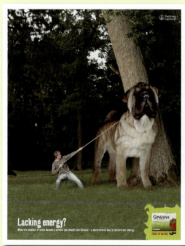 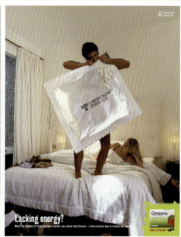 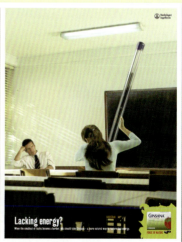

图4-76 商业招贴《缺乏能量？》

扫码获取本章课件　扫码获取本章短视频

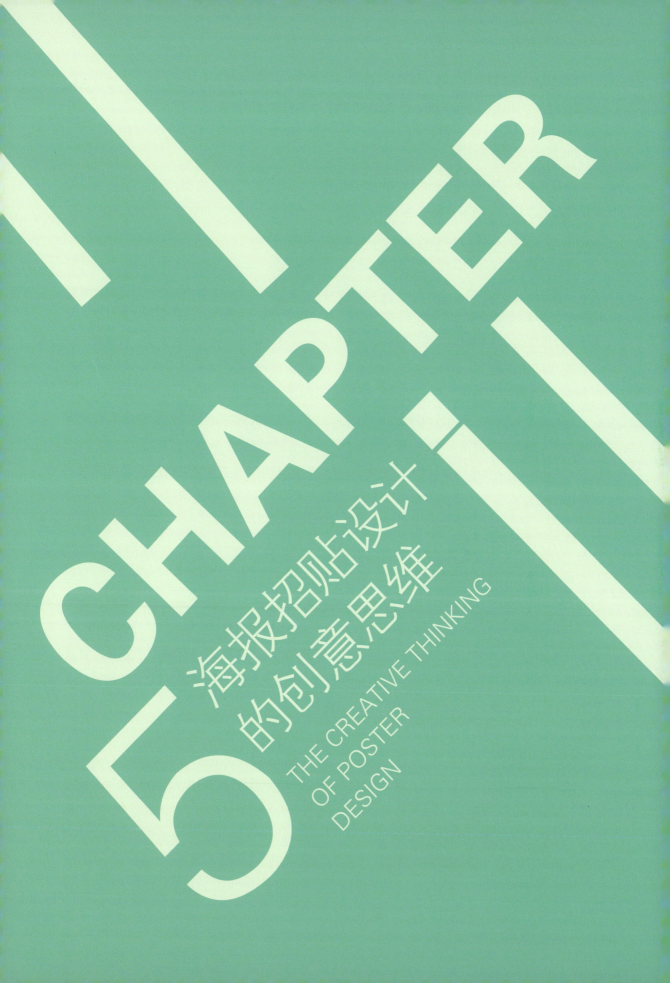

海报招贴设计的创意思维主要分为三种，即水平思维、垂直思维和发散思维。在进行设计实践时，我们可以运用多种思维，尝试多种结果，从而得出最优选择。

5.1 ┃水平思维

水平思维在《牛津英文大辞典》中的解释是："以非正统的方式或非逻辑性的方式来寻求解决问题的办法。"简单来说就是"寻求看待事物的不同方法和不同路径"。放到海报招贴设计上，我们可以理解为转换视角、另辟蹊径。

我们通过一个故事来进一步解释海报招贴设计中的水平思维。在一次烤全鸡的广告大赛上，眼看截止日期就要到了，众多对手的作品都已完成，烤全鸡的外形被制作得堪称完美。而设计师C没有急于完成作品，而是进行了另一番思考：即使他制作的烤全鸡外形也很完美，但无法保证在众多作品中脱颖而出；假如制作得稍有欠缺，那就意味着淘汰。既然如此，那索性不直观展示烤全鸡的外形了。最终，设计师C的作品只展示了空空的盘子，以及盘中光彩熠熠的油，广告语是简洁醒目的三个字——卖光了。凭借独具匠心的创意，设计师C一举摘得了桂冠。

这就是水平思维，它能帮助我们拆掉思维里的墙。在海报招贴设计实践中，我们可以采用打破常规（如图5-1至图5-2）、视角转换（如图5-3至图5-5）、对立转换等。其中，对立转换又可从远近、动静、快慢、大小、多少、正反、老幼、强弱、美丑等对立概念切入（如图5-6至图5-10）。

5.2 ┃垂直思维

垂直思维，又被称为逻辑思考法或收敛性思维，是指用逻辑的、传统的思维方法来解决问题的思维方法，它是与水平思维相对的。

垂直思维顺乎人的本能，重视高度逻辑性与可能性，而人在面对问题时，往往会被可能性最高的解释吸引住，并沿其思路继续发展。因此，在进行海报招贴设计创作时，我们要注意画面与思想内涵的逻辑性与内在联系，并加强作品的互动性，力求将想传达的信息或情感如剥洋葱般层层深入地被受众解读出来（如图5-11至图5-19）。

5.3 ┃发散思维

发散思维又被称为辐射思维、放射思维、扩散思维或求异思维，是指大脑在思维时呈现的一种扩散状态的思维模式，其主要功能是为随后的收敛思维提供尽可能多的解题方案。它表现为思维视野广阔，思维呈现出多维发散状，如"一题多解""一事多写""一物多用"等方式。不少心理学家认为，发散思维是创造性思维的最主要的特点，是测定创造力的主要标志之一。

具体到设计创作时，我们可以先将要表现的主题写出来，然后尽可能多地将与之关联的关键词列出来，并由此描述出一个故事，最终列出与之相匹配的构图、字体、色彩等方面的设计。这样，你的灵感会像触动了多米诺骨牌一般，一连串地被激发出来，设计思路由此逐渐清晰起来。例如我们想表现汽车的"全景摄影安全系统"，我们可以列出"更多角度""更多监控"，并由此展开上述思路（如图5-20至图5-21）。

发散思维给了创意无限的发展空间，本无直接联系的事物都可在巧妙的组合中建立新的意义与情感（如图5-22至图5-29）。设计时，思维不设限！

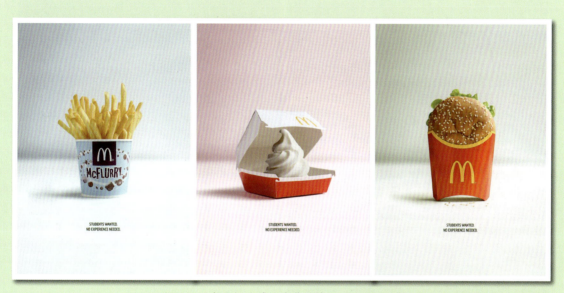

图5-1　商业招贴《招聘学生兼职，无需经验》

案例赏析

如图5-1，在这组麦当劳的招聘招贴中，薯条被装在麦旋风的包装中，冰淇淋被装在汉堡包的包装中，而汉堡包则被装在薯条的包装中，以突破常规的表现手法，幽默地切中了"招聘学生兼职，无需经验"的主题，同时凸显了麦当劳的独特理念与个性。

案例赏析

有人说，每个人心中都住着童年的自己。如图5-2，在这组企鹅听书App的商业招贴中，中年人躺在儿童床上，或依偎在母亲身边，年迈的父母温柔地念着书，时光仿佛倒流回从前。打破常规的创意思维，结合温馨而怀旧的画面，最能引发在生活中负重前行的中年用户的情感共鸣与情感释放。

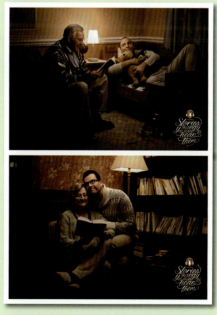

图5-2　商业招贴《童年时的读书方式》

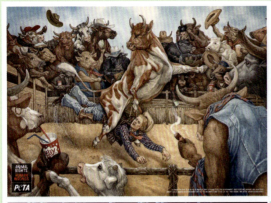
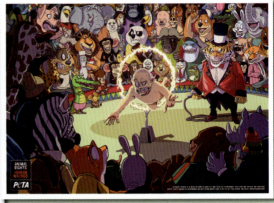
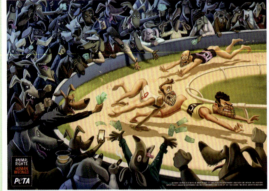
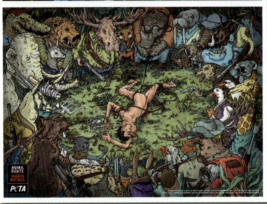

图 5-3　公益招贴《我们的错误，它们的权利》

案例赏析

如图 5-4，在这幅 WWF 招贴中，杯中的墨寓意水污染。如果将画面倒过来看，会发现墨的形状非常像核爆炸时的蘑菇云。精彩的创意，深刻切中了主题。

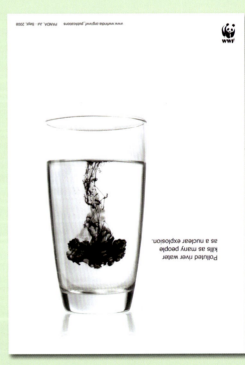

案例赏析

如图 5-3，这组善待动物组织的公益招贴，通过角色互换和视角转换的表现手法，让受众对动物所遭受的痛苦能有更感同身受的体会。

图 5-4　公益招贴《水污染不亚于一场核爆炸》

案例赏析

如图 5-5，这组欧莱雅光学嫩肤面膜晚霜的商业招贴，荣获 2013 年戛纳国际创意节户外广告类金奖、2014 年金铅笔广告奖优秀奖等奖项。化妆品招贴的画面，通常是模特与产品的组合，其中模特是视觉的主导。该组招贴采用了画面上下颠倒的表现手法，模特实际处于倒立状态，由此切中"逆时间修复"的产品卖点。

案例赏析

如图 5-6，这组善待动物组织的公益招贴，采用了强弱对立转换，原本温驯的牛羊变得像食肉动物一般凶残，捕食鹦鹉、豹子、河豚，由此揭示了深层内容：人们不断扩大草场面积来饲养牛羊，以满足日益增长的肉食需求，在利益的驱使下，亚马逊雨林被改造为牧场，雨林中的动物们因此失去了家园，遭到间接屠戮——食肉引发的杀戮，超乎我们的意料！

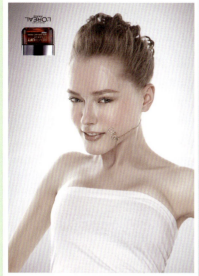
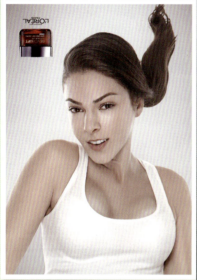

图 5-5　商业招贴《逆时间修复》

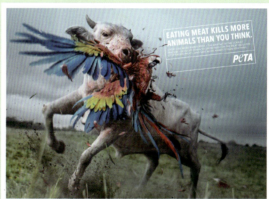
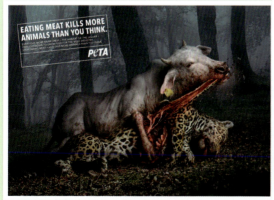
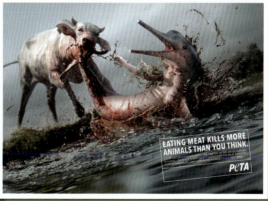

图 5-6　公益招贴《因食肉引发的更多杀戮》

案例赏析

如图5-7,这组奥林巴斯E620相机的商业招贴,采用了动静对立转换,以夸张的手法凸显了超强抓拍的产品性能。

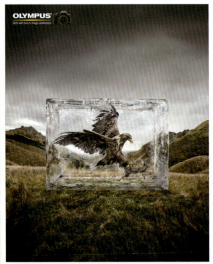
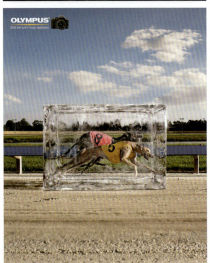
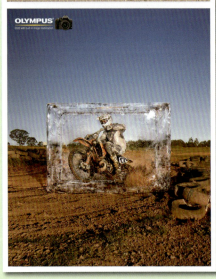

图5-7 商业招贴《冰冻精彩瞬间》

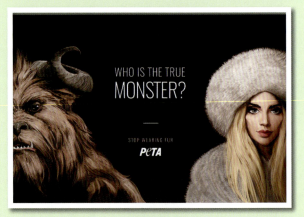

图5-8 公益招贴《到底谁才是野兽》

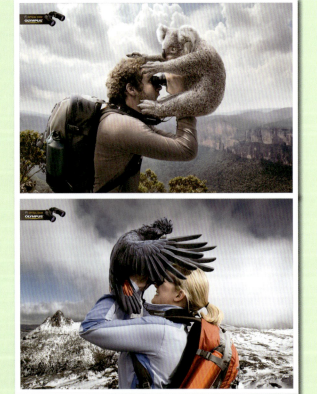

图5-9 商业招贴《近在眼前》

案例赏析

如图 5-8，这幅善待动物组织的公益招贴，采用了美丑对立转换，创作灵感源于《美女与野兽》，广告语为："到底谁才是野兽？不要再消费皮草！"

案例赏析

如图 5-9，这组奥林巴斯望远镜的商业招贴，采用了远近对立转换，以夸张的手法凸显了看得超远、看得超清的产品性能。

案例赏析

如图 5-10，这组索尼 U 盘的商业招贴，采用了大小对立转换：青蛙可以吞下河马、章鱼可以吞下巨鲸、老鼠可以吞下大象。夸张的设计，恰当而幽默地暗示了体积小、容量大的产品特点。

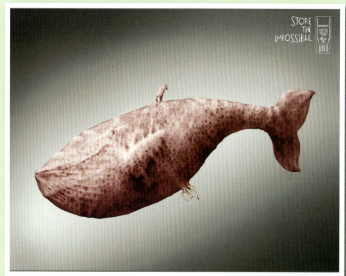

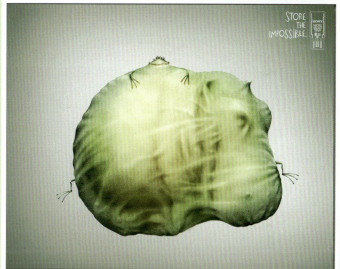

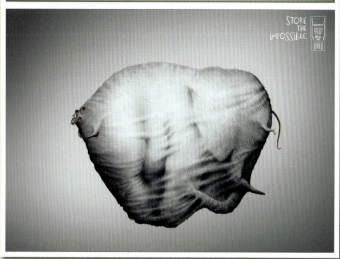

图 5-10　商业招贴《以小载大》

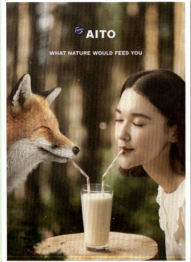

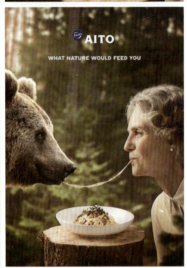

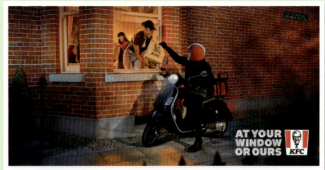

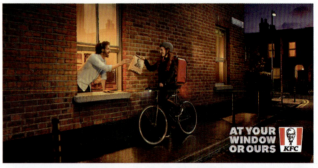

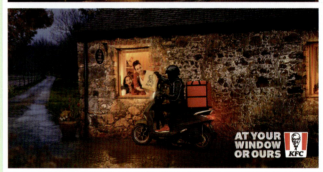

图 5-12　商业招贴《免下车，我更快》

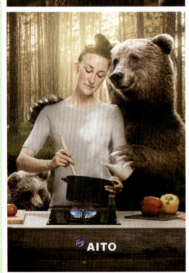

图 5-11　商业招贴《自然的哺育》

案例赏析

如图 5-11，这组 Fazer Aito 品牌食品的商业招贴，采用了垂直思维。画面中，动物与人物温暖相依，令人联想到产品的天然性与安全性。

案例赏析

如图 5-12，这组肯德基推出的"免下车送外卖"服务的商业招贴，直观展现了由窗户传递外卖的便捷服务。这样做，双方都很方便，配送效率大大提高，而且新奇有趣，便捷、独特、贴心的品牌服务特性由此被挖掘出来。

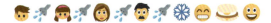
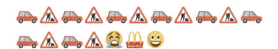
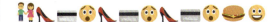
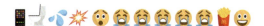
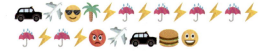

图 5-13　商业招贴《从负能量到正能量》

案例赏析

如图 5-13，这组麦当劳的商业招贴，采用了垂直思维，引导受众去解读一个个心情从负能量转为正能量的小故事，画面简洁明快，互动性强。

案例赏析

如图 5-14，这组 The Sun 培根的商业招贴，将培根摆成礼物包装缎带的样子，由此切中"让早餐变成一份礼物"的卖点，并进一步引发受众对品味培根时那种惊喜、愉快体验的想象。画面简洁醒目，做到了由视觉引发味觉的联想。

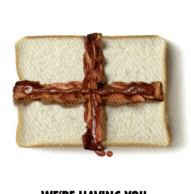

图 5-14　商业招贴《让早餐变成一份礼物》

案例赏析

如图 5-15，这组索尼 BRAVIA 超大屏液晶电视的商业招贴，以半夸张的方式，凸显了产品还原真实色彩的卓越性能。

案例赏析

如图 5-16，这组绿色和平组织的公益招贴，直观展现了动物们使用人类丢弃的塑料垃圾筑巢的场面。我们掠夺自然资源，却向自然无休止地排放塑料垃圾，动物们不得已的"循环再利用"行为，就像一记响亮的耳光，狠狠抽在人类的脸上。

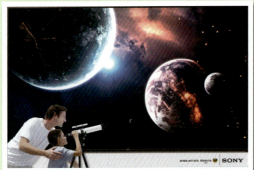
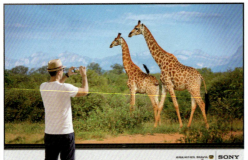
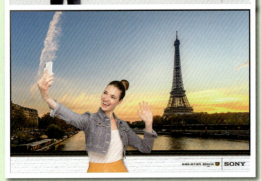

图 5-15　商业招贴《真如其境》

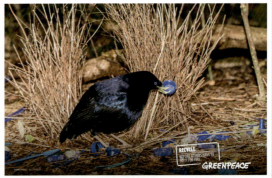
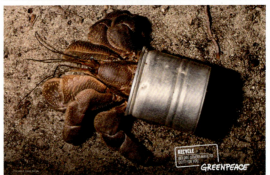

图 5-16　公益招贴《循环再利用》

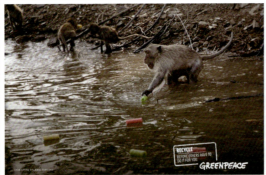
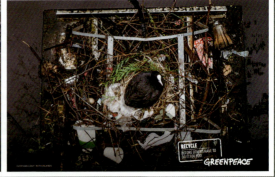

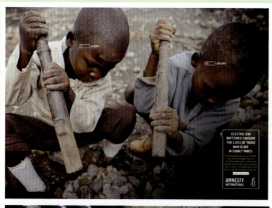
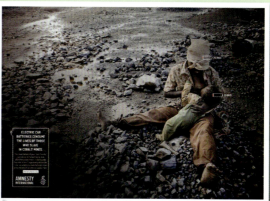
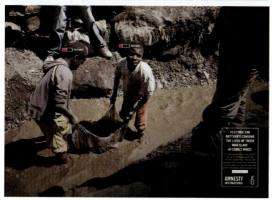

图 5-17　公益招贴《所剩无几》

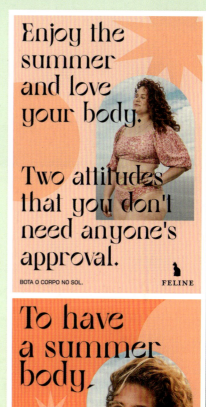
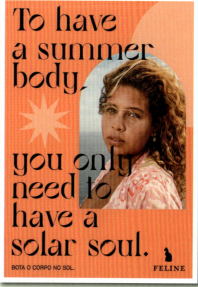

案例赏析

如图 5-17，这组国际特赦组织的公益招贴，将钴矿矿工真实的劳作场景触目惊心地展现于受众眼前。钴是制作电动汽车电池的重要材料，你的电池没电了，可以轻松充电，但刚果的 15 万名钴矿矿工的生命只有一次，他们的生命能量已经所剩无几。购买电池前，请确认产品供应商是否参与了血腥贸易。

案例赏析

如图 5-18，这组 Feline 的公益招贴招募了很多模特，她们来自各行各业，是医生、律师、教师、模特等，因为本书篇幅关系，我们只展示了其中两位。她们的脸庞和身材或许不符合追求精致与苗条的主流审美，但她们拥有独立与自信的灵魂，在各自从事的工作中成就了最优秀的自己，敢于无视来自单一审美标准的嘲笑，大胆地在阳光下秀出最美的自己！

图 5-18　公益招贴《阳光下最美的你》

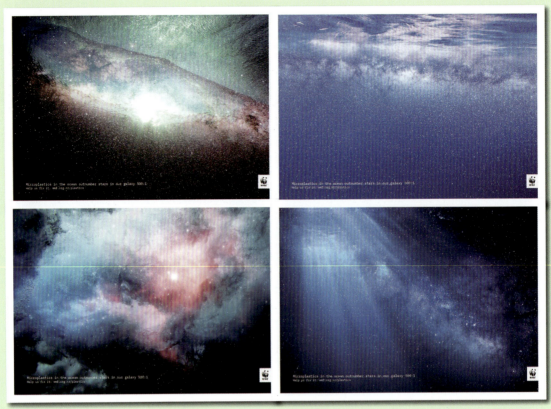

图 5-19　公益招贴《塑料繁星》

案例赏析

如图 5-19，这组 WWF 的公益招贴，初看时，你是不是以为这是浩渺宇宙中的繁星？实际上，这是海洋中的微塑料！它们已经多如繁星！看似美丽的画面，细思极恐。

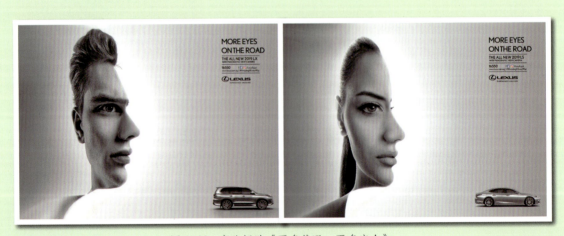

图 5-20　商业招贴《更多慧眼，更多安全》

案例赏析

如图 5-20，这组雷克萨斯汽车的商业招贴，主要宣传卖点是全景摄影安全系统。为了表现"更多角度"，画面采用了视错觉的表现手法，将人物的正面半边脸和侧脸相结合，并采用了高冷的配色方案，营造出警醒感。

案例赏析

如图 5-21，这组大众汽车的商业招贴，以对比式的构图幽默地诠释了360度全景行车辅助系统（可鸟瞰）的技术卖点：左边是乍一看很惊悚的画面，右边是监控鸟瞰后获得解答的画面。画面解读层层深入，互动性强。

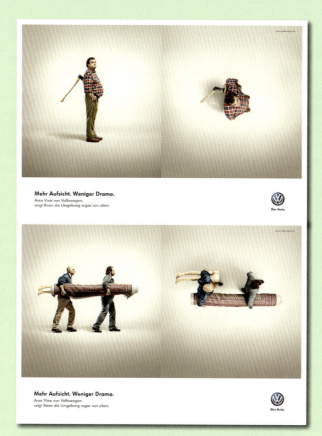

图 5-21　商业招贴《更多监控，更少迷惑》

案例赏析

患有阿尔茨海默症的老人，记忆会逐渐丧失，到最后，他们会连自己曾经深爱的人都记不得。如图 5-22，在这幅 ALZHEIMER ATHENS 的公益招贴中，老人的亲人被众多便条签（用于在生活中提示老人该物品是什么、有何用处，或某人和自己是什么关系）遮盖住，模拟出马赛克效果，寓意老人逐渐变模糊的记忆。画面色彩以中性色和冷色为主，营造出清冷、失意、孤独的氛围。图形为主型与居中强调型相结合的构图，让人们的视觉集中于老人身上，引发受众对阿尔茨海默症人群的关注。

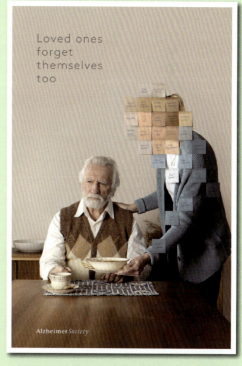

图 5-22　公益招贴《曾经的爱，也会模糊》

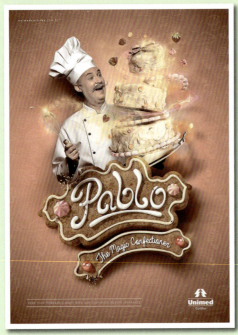

案例赏析

如图 5-23，这组 Unimed Curitiba 保险公司的商业招贴，将企业员工保险与生日蛋糕这两种本不相关的事物联系在一起，切中"购买明星保险，留住你的明星职员"的广告语。画面色彩温馨欢快。

案例赏析

如图 5-24，这幅 Khamovniki 啤酒的商业招贴，倡导人们放下手机，享受面对面喝啤酒相聚的快乐。为配合"享受传统，回归经典"的主题，设计师令 19 世纪时的人物拿着手机约见面，画面既充满了浓郁的古典气息，又暗含点点妙趣。

图 5-23　商业招贴《将保险变成一份礼物》

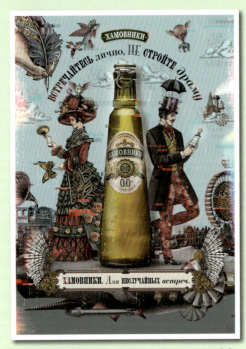

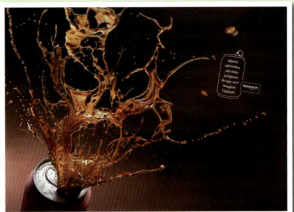

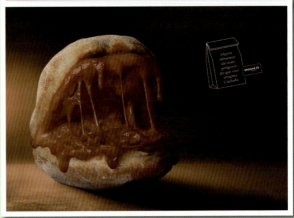

图 5-24　商业招贴《享受传统，回归经典》

图 5-25　公益招贴《它们是恶魔》

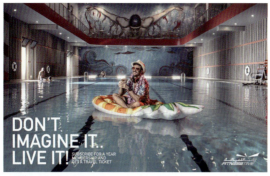

案例赏析

如图5-25，这组Unimed Curitiba保险公司推出的公益招贴，旨在提醒人们垃圾食品的危害。设计师通过形的意念组合与阴暗的场景色调，营造出恐怖气氛。汉堡与可乐褪去光鲜外表，露出了真面目："汉堡恶魔"张着血盆大口，要吞噬人们的健康；拉开易拉罐环的一瞬间，封印在其中的"可乐骷髅"怒吼着冲出来。

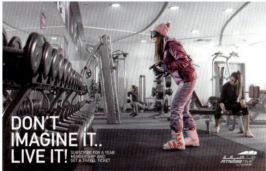

案例赏析

如图5-26，在这组Fitness Time健身俱乐部推出的"打卡一年，赠票一张"活动的商业招贴中，健身项目与旅游项目被巧妙地结合在一起。画面通过色彩对比，引导受众关注设计师希望突出的部分。

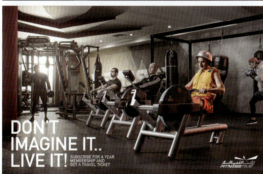

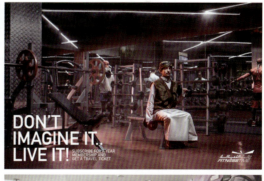

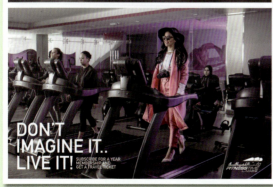

图5-26 商业招贴《要去实现，不要仅仅是幻想》

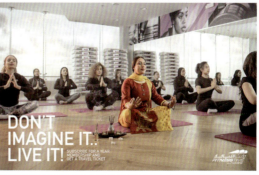

第五章 海报招贴设计的创意思维

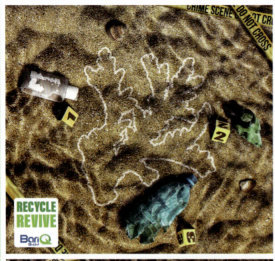

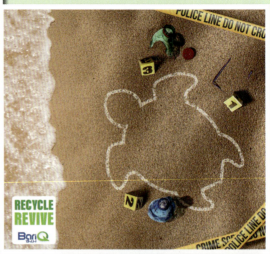

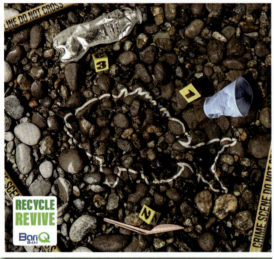

图 5-27　公益招贴《命案现场》

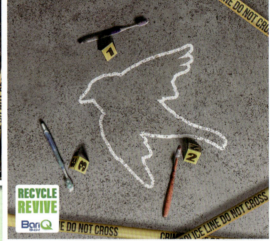

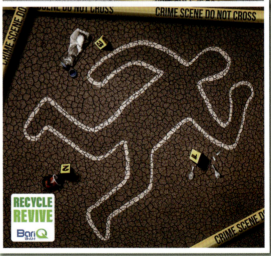

案例赏析

如图 5-27，这组 BariQ 公司推出的公益招贴，将塑料对野生动物的危害同命案现场的意念进行了同构，我们日常丢弃的牙刷、矿泉水瓶、玩具等塑料垃圾就是凶器。如果我们不停止无休止的塑料污染，终有一天，人类会把自己画入命案现场的白圈中。

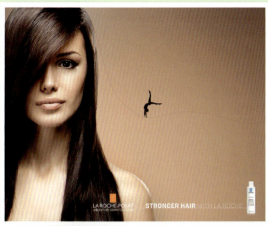

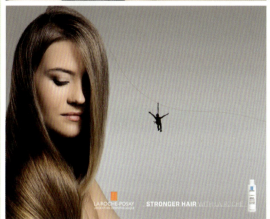

案例赏析

如图 5-28，这组理肤泉洗发水的商业招贴，采用现实与虚构相结合的手法，展现了强韧发丝的产品卖点。

案例赏析

如图 5-29，这组 Uomo Barber Club 男士发型俱乐部的商业招贴，对著名雕塑"大卫"和"掷铁饼者"进行了"发型升级"，他们看起来是不是更酷了？

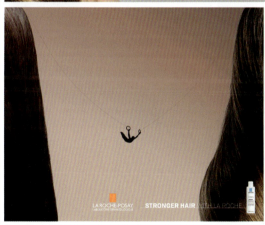

图 5-28　商业招贴《超强韧发丝》

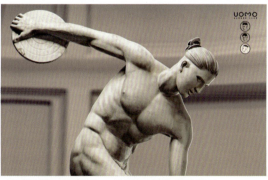

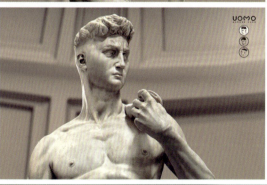

图 5-29　商业招贴《发型升级》

实践训练

【关键词】

水平思维、垂直思维、发散思维

【设计实践】

1. 为汽车（或其他产品）设计海报招贴，主题和尺寸自定。参考案例如图 5-30 至图 5-34。

2. 以"进化"为主题，进行自己的创作，尺寸自定。参考案例如图 5-35 至图 5-37。

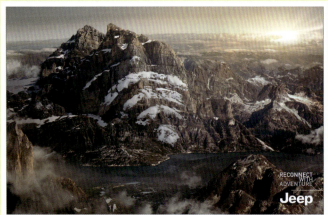

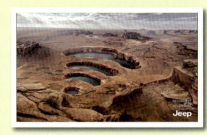

图 5-30 商业招贴《重连冒险》

案例赏析

如图 5-30，这组 Jeep 越野车的商业招贴，将岩地上的湖泊、雪山上的白雪、沙漠中的绿植与信号连接的意念同构，以开阔粗犷的画面，反映了产品的卓越性能。

案例赏析

如图 5-31，在这组大众 Amarok 皮卡车的商业招贴中，羚羊和猫头鹰歪头 45 度，以呆萌的方式切中"可以爬上倾斜度 45 度的高山"的产品卖点。

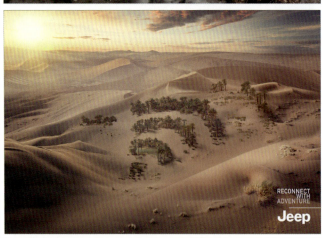

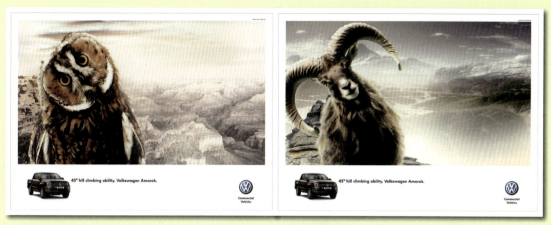

图5-31　商业招贴《爬坡45度》

案例赏析

如图5-32，这幅大众汽车的商业招贴，没有出现任何汽车的意象，而是以寓意的方式幽默地诠释了第二代电子泊车辅助系统的技术卖点。

案例赏析

1. 广告语1：他踢我—他肘击我—他踩我—他是我的老板。
2. 广告语2：她很聪明—她很风趣—她很性感—她是我兄弟的女朋友。
3. 如图5-33，这组大众汽车自动距离控制系统的商业招贴，采用均分型构图，配合精彩的文案，层层推进，在马上靠近时又戛然而止，幽默展现了技术卖点。

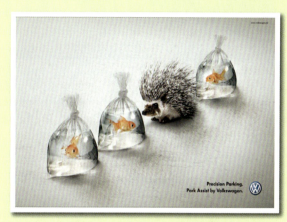

图5-32　商业招贴《精准泊车》

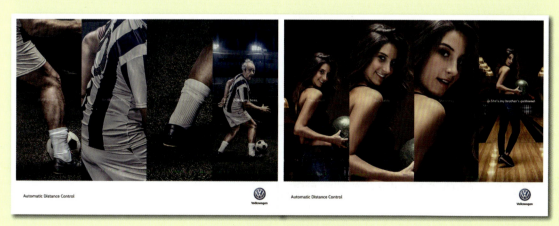

图5-33　商业招贴《保持距离》

第五章
海报招贴设计的创意思维

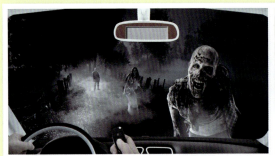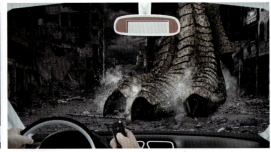

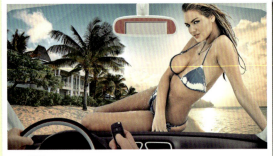

图 5-34 商业招贴《关上门，冒险开始》

案例赏析

如图 5-34，这组大众汽车的商业招贴，视角运用可谓极具匠心：受众视觉首先集中于坐在车中驾驶时看到的车外场景，刺激的画面瞬间牢牢吸引住他们；车内后视镜又照出车库大门的画面。前后、虚实、动静视角结合的表现手法，精彩地切中了"关上门，冒险开始"的主题。

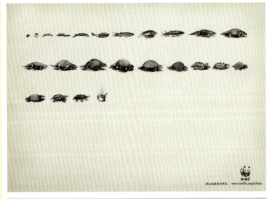

图 5-35 公益招贴《进化：结局》

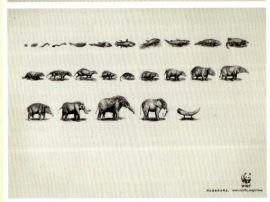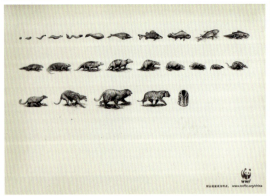

案例赏析

如图 5-35，这组 WWF 的公益招贴，展现了龟、象、虎的进化过程。数百万年的进化，最终结果竟是满足人类私欲的龟汤、象牙装饰与皮草服饰，让人产生无限悲凉之感。

案例赏析

如图 5-36，这组 Del Mar 医学 SPA 的商业招贴，以幽默的手法，寓意 SPA 带来的惊人改变。

案例赏析

如图 5-37，在这组 ZICA 动漫工作室的商业招贴中，狮子最终进化为动漫中的狮子王、人进化为动漫中的超人。萌萌的、妙趣的画面，完美地配合了广告语："加入 ZICA，做自己的造物主，未来由你决定！"

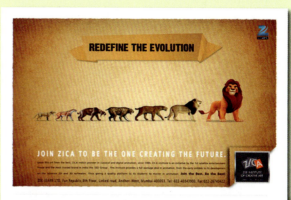

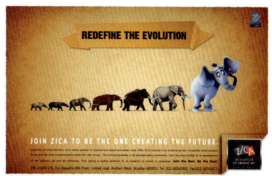

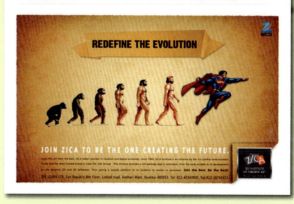

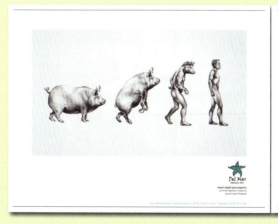

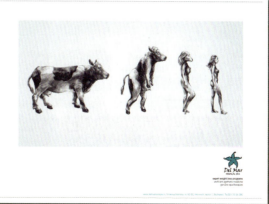

图 5-36　商业招贴《进化：蜕变》　　　　图 5-37　商业招贴《进化：未来，由你决定》

第五章　海报招贴设计的创意思维

扫码获取本章课件　　扫码获取本章短视频

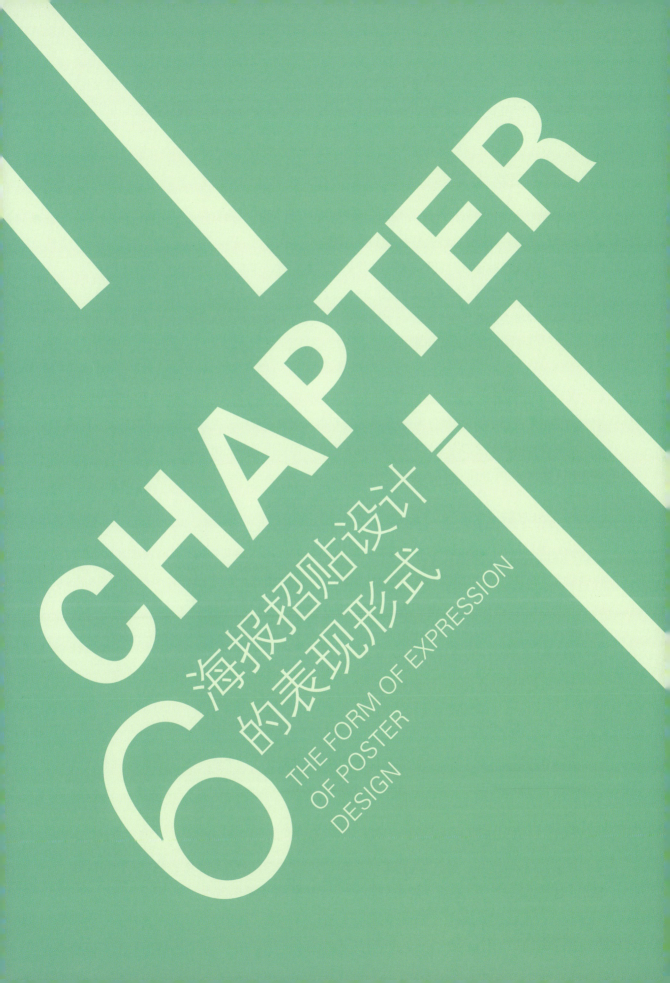

海报招贴设计的表现形式主要分为五种，即风格化、过程化、夸张化、拟人化、象征化。除了在画面中运用上述表现手法，结合不同的介质、载体与发布环境，海报招贴设计可以收获意想不到的效果。

6.1 | 风格化

在海报招贴设计中，对某种艺术造型风格和特点进行模仿和再创作，可以起到强化主题、彰显个性、增加对特定受众群吸引力的作用（如图6-1至图6-11）。

此外，海报招贴还可因表现工具（例如铅笔、水彩笔、油画笔、蜡笔、毛笔等）的不同而呈现出不同的形式美感（如图6-12至图6-13）。即使是相同或相近的图形，也会因表现工具的不同而呈现极大的差异性。画面的表现手法、形式与主题有着内在的吻合性，需要据此做出恰当选择，以达到形式与内容的高度统一。

6.2 | 过程化

海报招贴设计中的过程化，一般是将人物或事物的发展变化过程通过艺术化的视觉效果表现出来。这种表现形式富有动感、韵律感或推理感，但要协调好变化与统一，不然画面容易显得杂乱（如图6-14至图6-18）。

6.3 | 夸张化

海报招贴设计中的夸张，就是将想传达的信息或情感，或某种事物的某些特质放大或缩小，以强化其在受众脑海中的印象（如图6-19至图6-26）。运用这一表现手法时，要注意以下几点。

首先，被夸张的部分必须要有生活依据，合乎情理，以客观事实为基础。

其次，夸张要做得充分而恰到好处，不能介于夸张与真实之间，使得受众还要去琢磨，这到底是夸张还是事实，这样就起不到夸张的效果。

最后，夸张要勇于创新，不落窠臼。

6.4 | 拟人化

和写作中的拟人化一样，海报招贴设计中的拟人也是赋予动物或事物人的情感，画面一般呈现灵动、温馨、可爱的效果（如图6-27至图6-32）。

6.5 | 象征化

在海报招贴设计中，象征化是指某种意象代表某种意念。意象与意念之间的联系要自然、贴切，这样才能诞生令人眼前一亮的创意设计（如图6-33至图6-39）。

6.6 | 发布环境

在海报招贴设计中,象征化是指某种意象代表某种意念。意象与意念之间的联系要自然、贴切,这样才能诞生令人眼前一亮的创意设计(如图6-40至图6-43)。

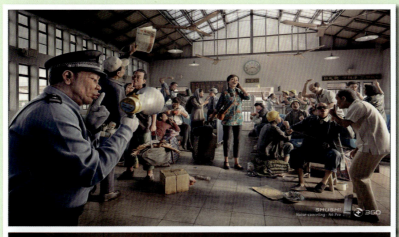

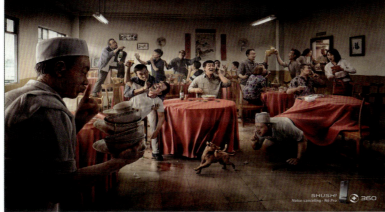

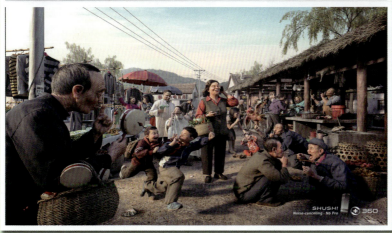

图6-1 商业招贴《嘘》

案例赏析

如图6-1,这组360 N6 Pro手机的商业招贴,为2018年戛纳国际创意节获奖作品,画面对细节的雕琢非常到位,展现出超强降噪、超清晰通话的卖点。

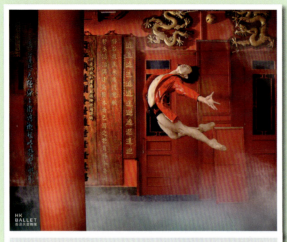
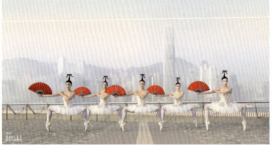
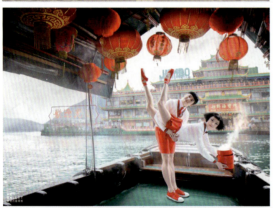
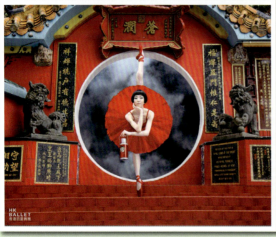
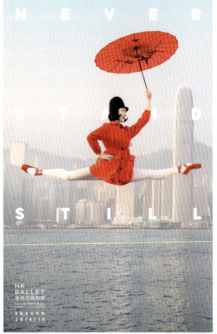
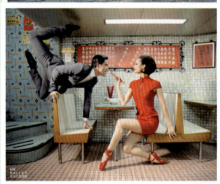
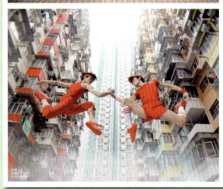

图 6-2 商业招贴《中国香港芭蕾舞团》

案例赏析

如图 6-2，这组中国香港芭蕾舞团的商业招贴，展现了满满的中国风。

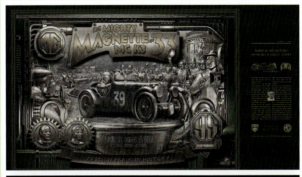

案例赏析

如图 6-4，这组名爵跑车的商业招贴，以纪念牌的形式表现了名爵跑车发展历程中的里程碑画面，由此建立起历史悠久与技术不断创新相交织的品牌形象。

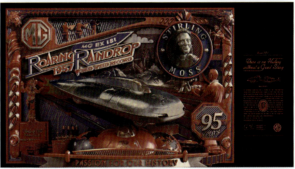

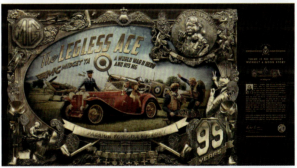

图 6-3　商业招贴《苹果维修服务》

案例赏析

如图 6-3，这组苹果电子产品维修服务的商业招贴，对品牌标志中的苹果造型进行了再创作，从苹果中钻出的虫子与被咬的缺口，象征产品的损坏，幽默地宣传了苹果公司提供的维修服务。

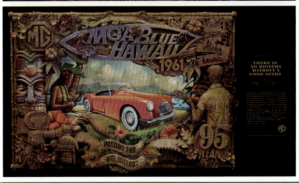

图 6-4　商业招贴《历史》

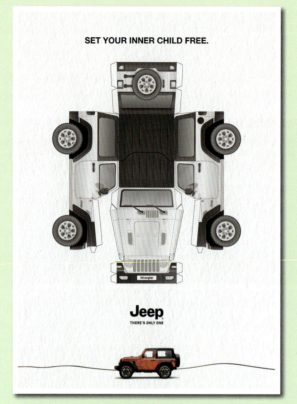

图6-5 商业招贴《释放你心中的那个孩子》

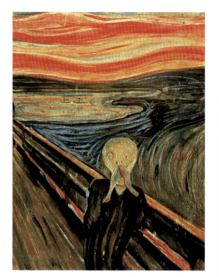

案例赏析

如图6-5,这幅Jeep越野车的商业招贴,广告语是:"成长往往意味着失去童心,但冒险意识、好奇心和想走得更远的欲望永远不应该离开我们。Jeep始终支持那些超越极限、享受真正自由的人,即使他们越来越老。"配合广告语,设计师将越野车设计为儿童手工的形式。

案例赏析

如图6-6,这组阁楼艺术咖啡馆的商业招贴,对梵高名画《向日葵》和爱德华·蒙克名画《呐喊》做了大胆的修改:盛开的向日葵凋谢了;原本在呐喊的人捂住了嘴巴,表情由惊恐变为了惊叹。该咖啡馆的独特气质由此彰显。

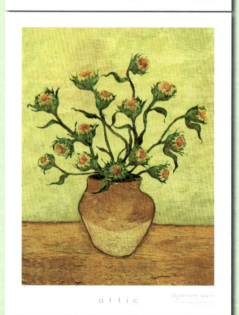

图6-6 商业招贴《阁楼艺术咖啡馆》

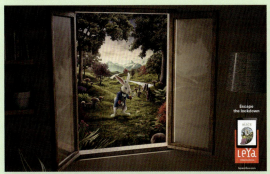
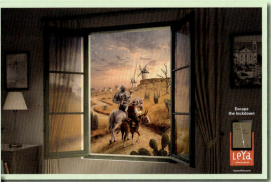
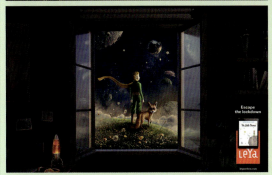

图6-7　商业招贴《故事无限多，书中的空间无限大》

案例赏析

LeYa是一家电子书网站，图6-7所示的是该网站在新冠肺炎疫情期间推出的商业招贴。窗外的画面，被设计为《唐吉柯德》《爱丽丝梦游仙境》《小王子》的故事画面，寓意"长时间居家也不会感到不自由，书中的故事无限多，书中的空间无限大"。

案例赏析

如图6-8，这组马德里社区青年卡的商业招贴，卖点是"为年轻一族提供最佳的文化服务与数百种折扣福利"。传统的折扣促销画面，往往是商品与促销广告语的堆砌，容易显得廉价杂乱。而设计师针对年轻受众的审美品位与对个性的追求，将画面设计成杂志封面的形式。

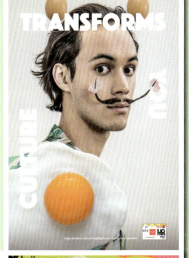
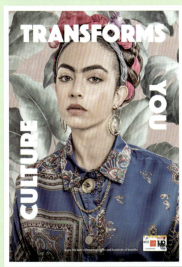
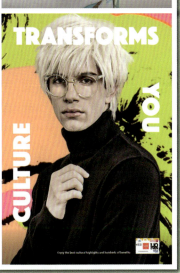

图6-8　商业招贴《文化改变你》

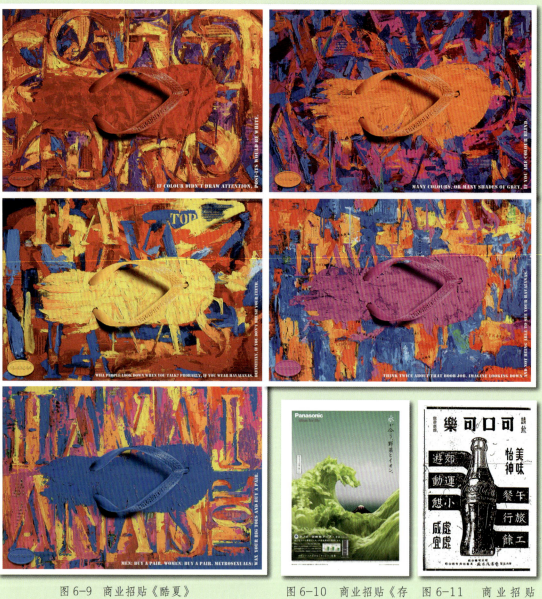

图6-9　商业招贴《酷夏》

图6-10　商业招贴《存住水分及营养》

图6-11　商业招贴《可口可乐》

案例赏析

如图6-9，这组哈瓦那人字拖的商业招贴，用厚重的油画染料创造了丰富绚烂的画面效果，切中了"酷夏"的主题。

案例赏析

如图6-10，这幅松下冰箱的商业招贴，利用菜叶外形与浮世绘中的海浪外形的相似性，展现了极致保鲜的产品卖点。

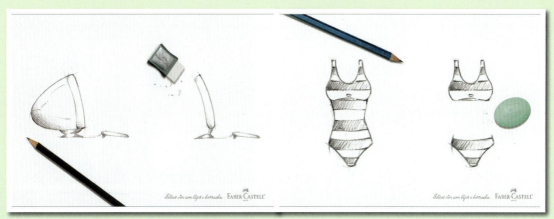

图 6-12　商业招贴《灵感·创意》

案例赏析

如图 6-11，这幅可口可乐的商业招贴，采用老式海报的设计风格，展现了经典怀旧的感觉。

案例赏析

如图 6-12，这组辉柏嘉文具的商业招贴，运用简洁灵动的铅笔画，幽默地表现了灵感闪现时的创意过程。

案例赏析

如图 6-13，不同于图 6-12 的灵动感，这组关注儿童生存与成长问题的公益招贴，通过铅笔的质感，渲染了凝重气氛，表现了没有机会接受教育、忍受饥饿、家庭暴力等问题，画面感染力极强。

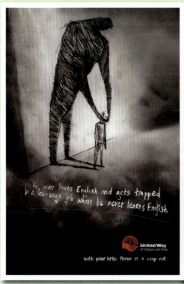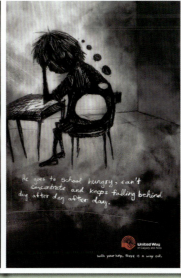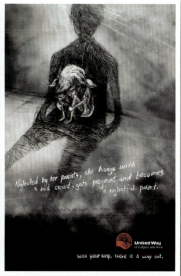

图 6-13　公益招贴《贡献一份力量，你能帮助他们》

案例赏析

如图 6-14，这组 Detran RN 推出的公益招贴，旨在提醒受众路怒症的危害。画面幽默展现了情绪爆发的过程，善意地请受众做出自省。

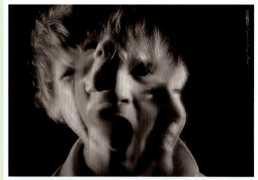

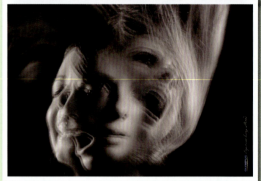

图 6-16　商业招贴《尽在此刻》

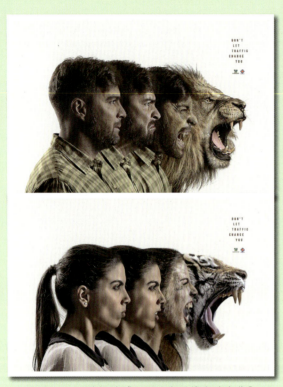

图 6-14　公益招贴《不要让交通堵塞改变你》

案例赏析

如图 6-15，这组妇女与家庭 SOS 组织的公益招贴，以家谱的形式反映了"家暴会遗传"的主题。

案例赏析

如图 6-16，这组奥林巴斯相机的商业招贴，通过人物多种表情的组合，反映了相机的卓越性能。

案例赏析

塑料降解需要大约 400 年的时间。如图 6-17，这组 Marviva 推出的公益招贴，将一根短短的吸管降解所需的 400 年中人类在飞行与宇宙探索中的发展历程表现出来，引发受众更深层思考。

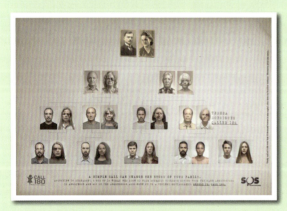

图 6-15　公益招贴《家暴会遗传》

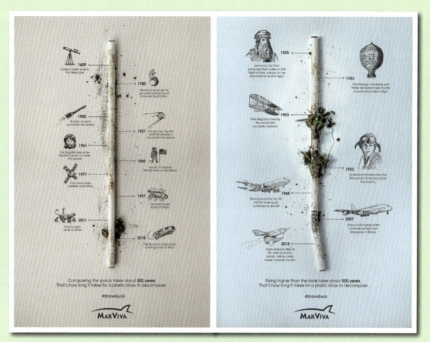

图 6-17 公益招贴《吸管》

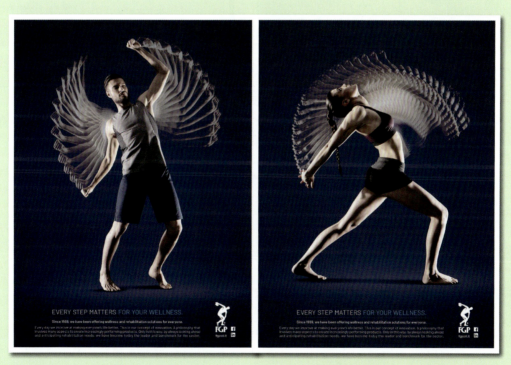

图 6-18 商业招贴《每一步，都在向更好的你迈进》

案例赏析

如图 6-18，这组 FGP 健身俱乐部的商业招贴，艺术化的画面切中了广告语："每一步，都在向更好的你迈进。"

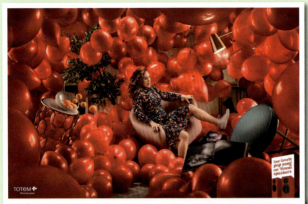

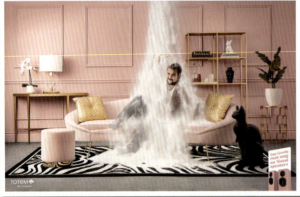

图6-19　商业招贴《让震撼音效包围你》

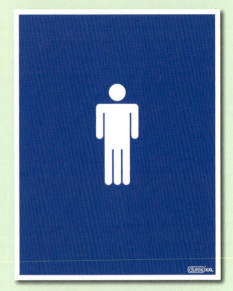

图6-21　商业招贴《特大号》

案例赏析

如图6-19，这组Totem音箱的商业招贴，以极富冲击力与感染力的画面，引导受众想象音箱的超震撼音效，以视觉引发听觉联想。

案例赏析

如图6-20，在这组Mintax Matik洗衣液的商业招贴中，人物将衣服和领带当成食品包装纸，夸张地切中了"不惧污渍"的主题。

案例赏析

如图6-21，这幅杜蕾斯安全套的商业招贴，以极为简洁而对比强烈的构图，夸张幽默地展现了产品卖点。

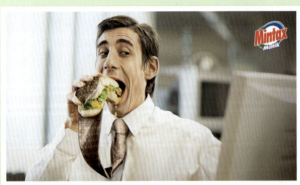

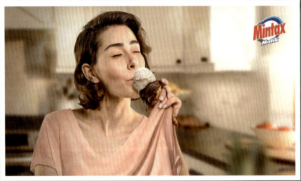

图6-20　商业招贴《不惧污渍》

案例赏析

如图 6-23，这组 Tefal 榨汁机的商业招贴，荣获 2013 年戛纳国际创意节铜奖。它以简单而劲爆的画面，切中"强悍性能，顷刻爆'榨'"的产品卖点，视觉效果震撼，令人过目不忘。

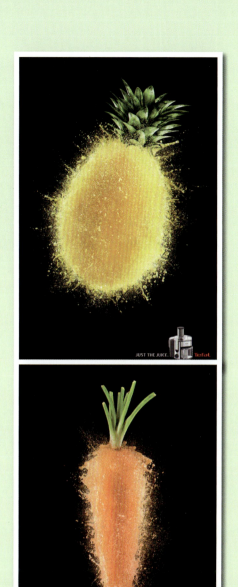

图 6-23　商业招贴《爆"榨"》

案例赏析

如图 6-22，在这组 Wusthof 刀具的商业招贴中，食物被切得近乎透明一般的薄，夸张地表现出刀具的惊人品质。

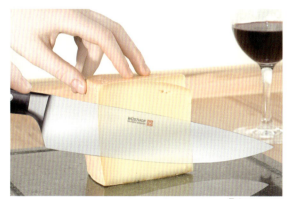
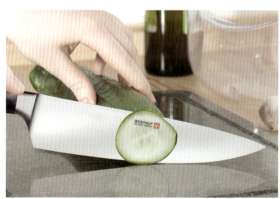
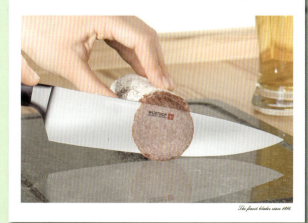

图 6-22　商业招贴《薄如蝉翼》

第六章　海报招贴设计的表现形式　147

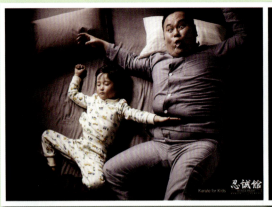
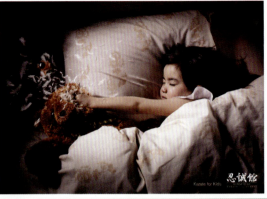

图6-24 商业招贴《儿童空手道》

案例赏析

如图6-24,这组忍诚馆儿童空手道的商业招贴,通过孩子睡后无意识动作的威力,夸张地展现了学习效果。

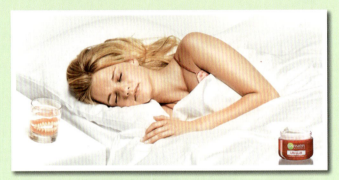

图6-25 商业招贴《青春永驻》

案例赏析

如图6-25,在这幅卡尼尔深度抗皱护理霜的商业招贴中,床上躺着的明明是一个少女,但床头的假牙泄露了玄机——这是一位老太太,由此幽默地反映了深度抗皱的产品卖点。

案例赏析

如图6-26,在这幅斯柯达汽车的商业招贴中,原本拉雪橇的驯鹿都坐在车中,寓意斯柯达汽车的超强性能与环境适应性,画面可爱感十足。

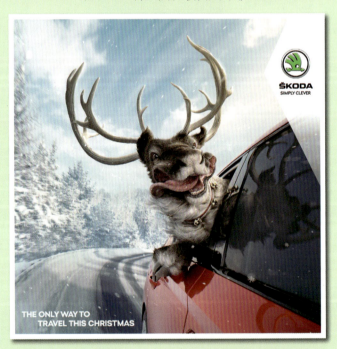

图6-26 商业招贴《今年过节不用鹿,旅行只用斯柯达》

案例赏析

如图 6-27，这组 Sunlight 洗涤灵的商业招贴，荣获 2013 年夏纳广告节平面类金奖。它以拟人化的猪、牛、羊来象征重油渍，展现了超强去油污的产品卖点。

案例赏析

如图 6-28，在这幅美的空气炸锅的商业招贴中，一头正在享受减脂桑拿的猪，切中了"相对传统的油炸方式，油脂减少 80%"的广告语。

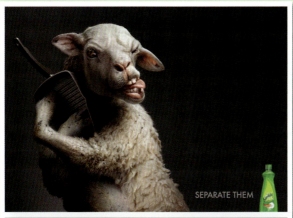
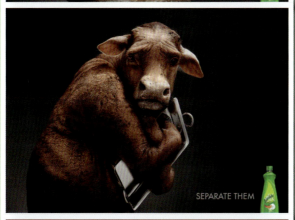
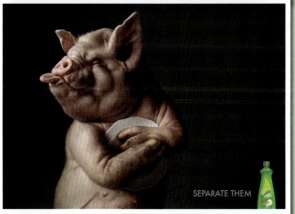

图 6-27　商业招贴《放开我的餐具》

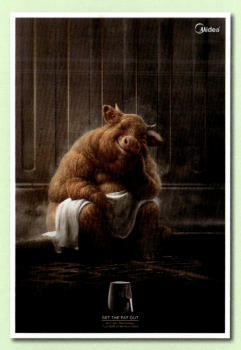

图 6-28　商业招贴《减掉油脂》

案例赏析

如图 6-29，这组 Sour Lemon 柠檬糖的商业招贴，将被挤汁的柠檬拟人化为被酸得变扭曲的人脸，视觉感染力极强，引导受众去联想那股酸味。

案例赏析

如图 6-30，这组 B-good 创可贴的商业招贴，将创可贴拟人化为医生和护士，寓意仿佛有专业的医护人员看护你的伤口一般。

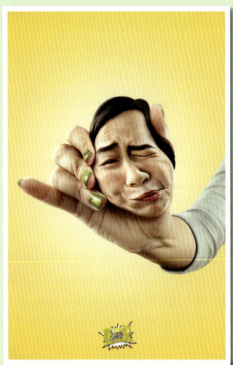

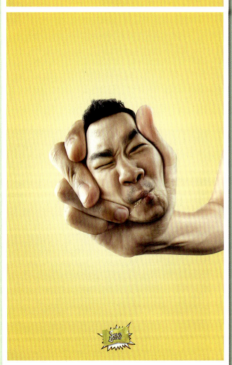

图 6-29　商业招贴《酸酸酸》

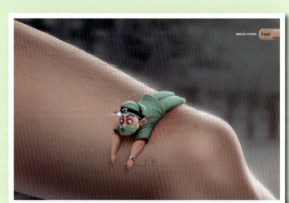

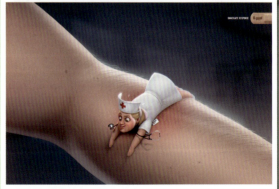

图 6-30　商业招贴《专业护理》

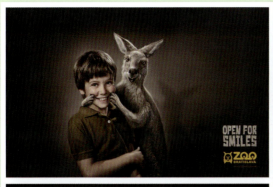
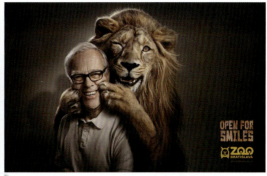

图 6-31 商业招贴《放开你的笑》

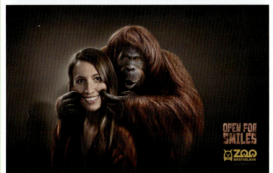

案例赏析

如图 6-31，在这组 Bratislava 动物园的商业招贴中，动物们引导人们放开自己的笑，画面温馨可爱。

案例赏析

如图 6-32，这组绿色和平组织的公益招贴，荣获 2018 年戛纳国际创意节户外广告类铜奖等众多大奖。看似可爱、实则令人心酸的画面引发受众的深入思考：我们到底对生态做了什么，才令动物们不忍直视？

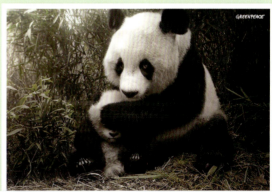
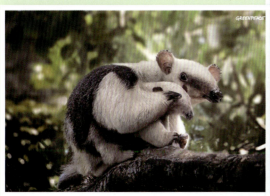
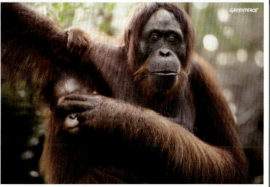

图 6-32 公益招贴《不忍直视》

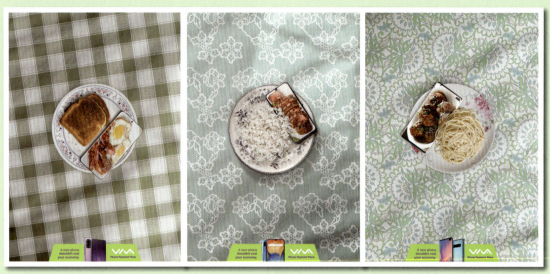

图 6-33 商业招贴《手机下饭》

案例赏析

很多 Z 时代总是追求使用最新的智能手机，哪怕为此搞得自己穷得只能吃干饭，这太疯狂了。如图 6-33，在这组 VIVA 手机分期付款购买活动的商业招贴中，主食实物构成了"实"，手机中显示的肉蛋构成了"虚"，虚实结合寓意了主题，由此自然引出广告语："手机能下饭？购买新手机，不应影响你的正常生活。"由此引到分期付款购买活动上来。

案例赏析

Nat Geo Wild 是国外一档类似《动物世界》的节目。如图 6-34，在这组该节目的商业招贴中，设计师通过环形对比式构图，展现了被艺术化的猎杀场面，寓意"生与死是一场循环，一个生命的死亡意味着另一个生命的延续"。

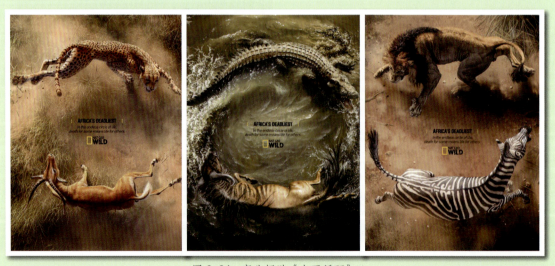

图 6-34 商业招贴《生死循环》

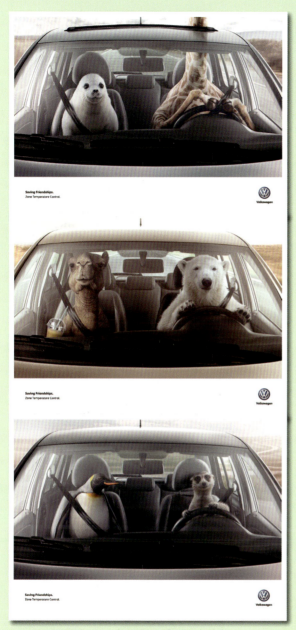

图 6-35 商业招贴《留住友谊》

案例赏析

如图 6-35，这组大众汽车区域温控技术的商业招贴，将拟人化与象征化的手法相融合：海狮、北极熊、企鹅象征"喜欢凉"，长颈鹿、骆驼、狐猴象征"喜欢温"，在车前排同坐的画面，幽默地展现了区域温控的技术卖点。

案例赏析

很多女性拒绝从事传统观念认为女性不适合的工作；反过来，很多工作也因这个原因将女性拒之门外。如图 6-36，在这幅 ACAG 推出的公益招贴中，洗衣机象征传统观念认为适合女性的工作，而洗衣机中的卫星象征一切女性可以挑战的工作。无论女性做何选择，能找寻到自己的使命与价值就好。

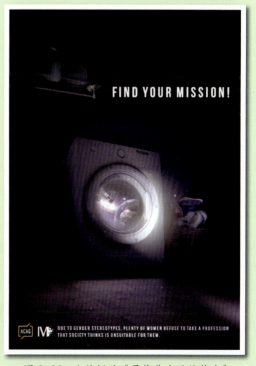

图 6-36 公益招贴《寻找你自己的使命》

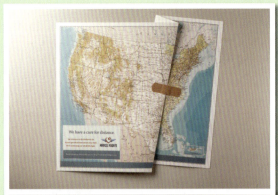

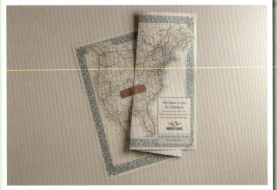

图 6-37 商业招贴《地球变小了》

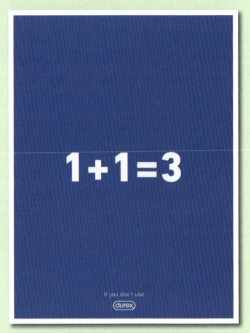

图 6-38 商业招贴《1+1=3》

案例赏析

如图 6-37，在这组 Miracle Flights 航空公司的商业招贴中，地图被折叠起来，象征"地球变小了"，由此彰显了服务的快捷。

案例赏析

如图 6-38，这幅杜蕾斯安全套的商业招贴，构思极为巧妙。它以极简却极富视觉张力的画面、幽默的表现手法，切中了极富创意的广告语："如果你不使用杜蕾斯，就等着1+1=3吧！"

案例赏析

如图 6-39，在这幅"向性骚扰说不"的公益招贴中，动物之间的亲昵行为被用来象征性骚扰行为，切中"我不是动物（不能随意发情）"的主题。

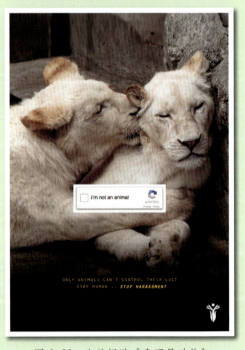

图 6-39 公益招贴《我不是动物》

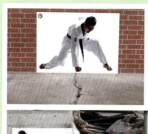
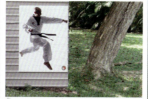
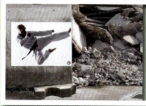

图 6-40　商业招贴《空手道》

案例赏析

如图 6-40，我们真应叹服这组空手道培训班的商业招贴的张贴位置设计：发布环境是创意的重要部分，实现寓意解读的多数要素来自画面以外的场景。

案例赏析

如图 6-41，这组 CVV 自救热线的公益招贴，无论是平面制作还是发布环境，都极为巧妙：街面上的水被设定为湍急的河流，招贴中一个人正在努力营救要坠河的那个人。将被裁剪下来的人合到招贴上去，人的身影就会完全重合，切合了自救的主题。

案例赏析

如图 6-42，该电池的商业招贴贴在了扶梯的入口处，看上去好像是电池带动了扶梯的运行，由此夸张地展现了电池的强劲电力。

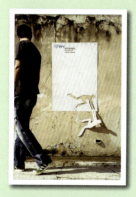
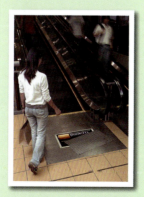

图 6-41　公益招贴《自救热线》　　图 6-42　商业招贴《强劲电力》

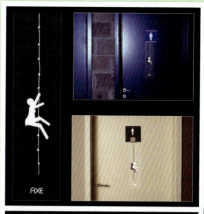
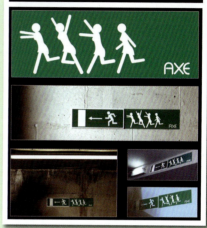

图 6-43　商业招贴《他在那儿》

案例赏析

风靡欧美的 AXE 男士香水，其最大特点是含有女性喜欢的味道，可激发出不可抗拒的男性魅力。如图 6-43，这组 AXE 香水的室内广告，利用安全出口、卫生间的人形标识，传达了男士被女士们追得忙着找安全出口逃跑、即使躲到卫生间也无法躲过女性追求的信息，幽默地展现了产品卖点。

实践训练

【关键词】

风格化、过程化、夸张化、拟人化、象征化、发布环境

【设计实践】

针对以上关键词,各设计一组招贴,主题和尺寸自定。参考案例如图 6-44 至图 6-49。

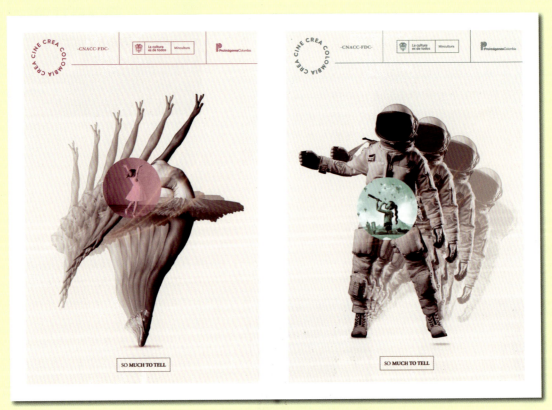

图 6-44　商业招贴《有太多故事要讲》

案例赏析

如图 6-44,这组哥伦比亚广播公司创建周年纪念日的商业招贴,将人物动作的过程化与圆心中的儿童形象相结合,寓意公司的成长。

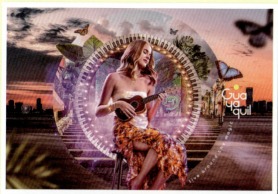

案例赏析

瓜亚基尔市是厄瓜多尔的第一大城市。如图6-45，这组瓜亚基尔市城市旅游的宣传招贴，色彩绚烂，视觉效果抢眼，充满了浓郁的南美风情。

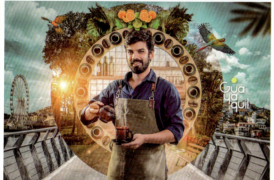

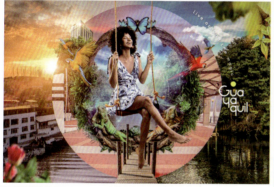

图6-45 商业招贴《瓜亚基尔市》

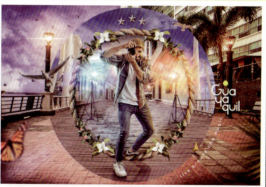

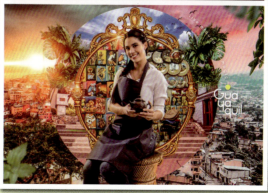

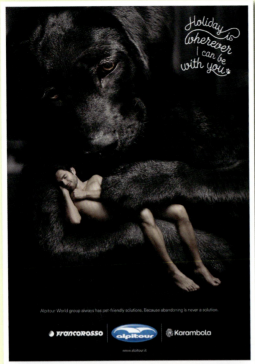

案例赏析

如图 6-46，这组 Alpitour World 旅游集团的商业招贴，将主人与宠物的位置进行了对换，人安然地睡在宠物的怀中，既切中了"旅游也不分开"的服务卖点，又暗示了方便省心的服务特点。

案例赏析

如图 6-47，在这幅 Tele2 电信公司的商业招贴中，猫咪象征小微企业，而狮子头套寓意变强大，由此幽默地切中"通过提供不同的业务服务，帮助小微企业更有效地开展工作"的服务卖点。

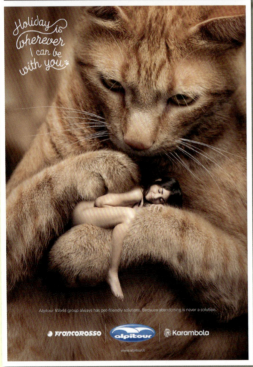

图 6-46　商业招贴《旅游也不分开》

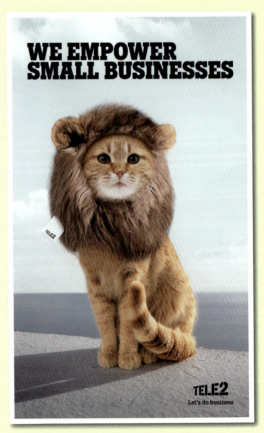

图 6-47　商业招贴《小雄狮》

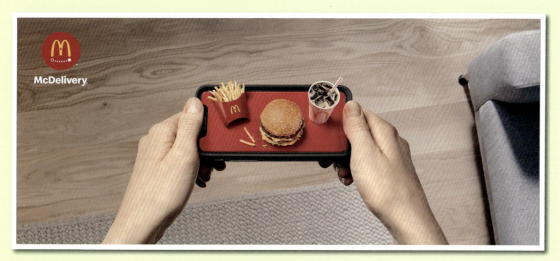

图 6-48　商业招贴《掌上餐盘》

案例赏析

如图 6-48，这组麦当劳 App 的商业招贴，将快餐夸张地缩小到用手机可以当餐盘盛放的地步，由此切中手机下单的服务卖点。

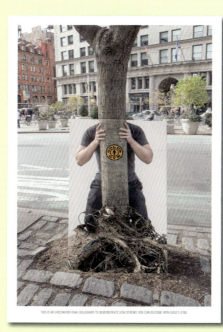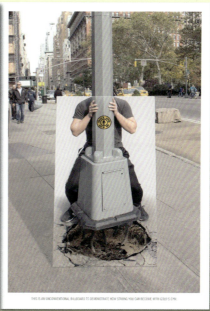

图 6-49　商业招贴《力大无穷》

案例赏析

如图 6-49，这组 GYM 健身俱乐部的商业招贴，发布于路灯灯柱或大树上，以夸张的手法，与发布环境相融合。

扫码获取本章课件　　扫码获取本章短视频

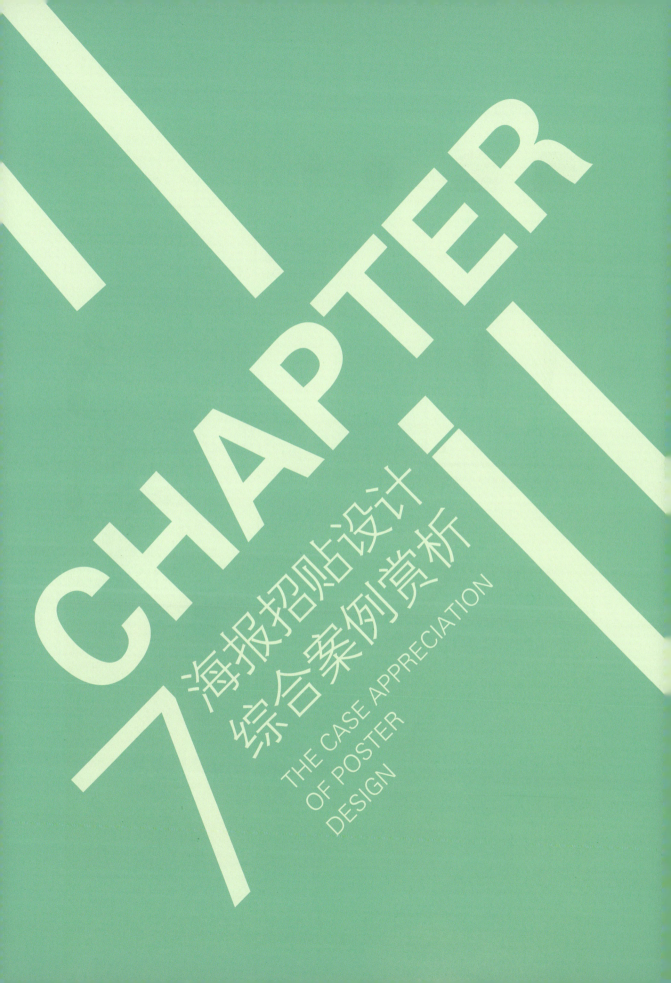

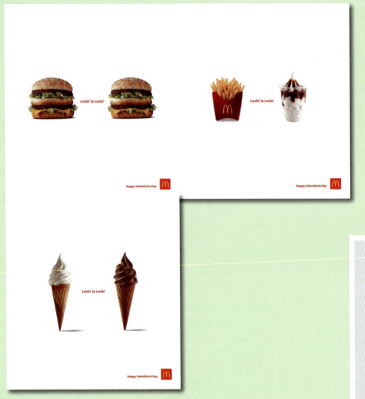

图 7-1 商业招贴《情人节套餐》

案例赏析

如图 7-1，这组麦当劳情人节套餐的商业招贴，直观醒目地展现了产品，不断强化受众脑海中的品牌形象和产品印象。均匀对称型构图，营造出安稳、温馨、甜蜜的氛围。

案例赏析

CIRCLE 是埃及的一家多品牌商店，拥有许多全球品牌的特许经营权，其服务卖点是为客户提供一站式服务，并承诺 100% 正品。如图 7-2，这组该商店的商业招贴，画面简洁、色彩醒目，以象征化的手法切中广告语："在这个充满'假'的世界，我们提供'真'。"

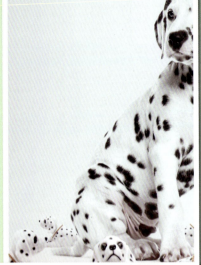
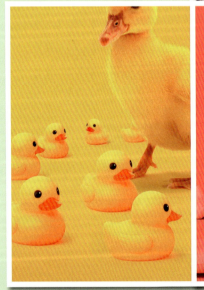
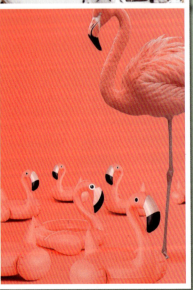

图 7-2 商业招贴《宝贵的"真"》

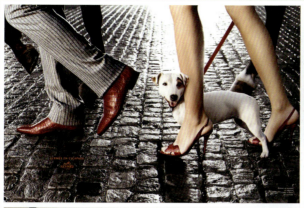
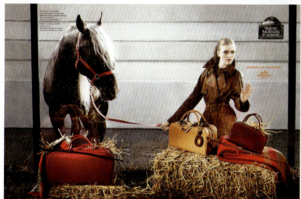
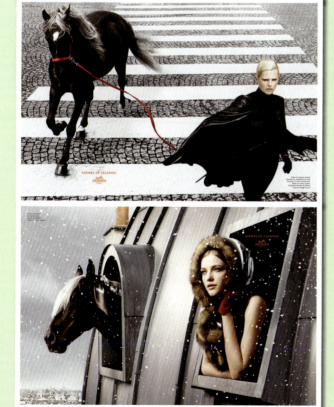
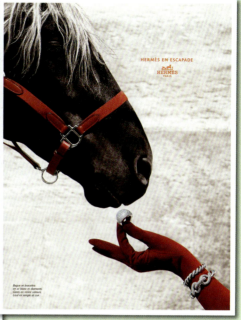

图 7-3　商业招贴《爱马仕》

案例赏析

在希望展现优雅感时，往往采用中低明度与纯度的色彩搭配。如图 7-3，这组爱马仕的商业招贴，画面弥漫着时尚、优雅、华贵的气息，保持了该奢侈品品牌一贯的奢华风格，画面中的红色可谓画龙点睛。

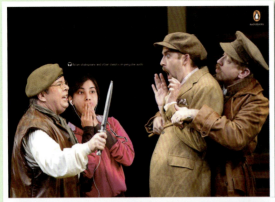

案例赏析

如图7-4，在这组企鹅听书App的商业招贴中，戴着耳机的读者置身于舞台上，融入一系列经典戏剧的剧情之中。超现实的表现手法，带来了极强的临场感与代入感。

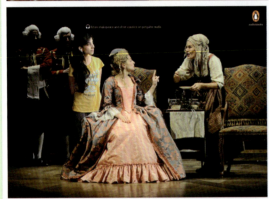
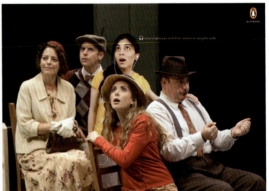
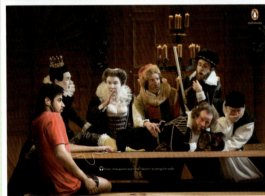
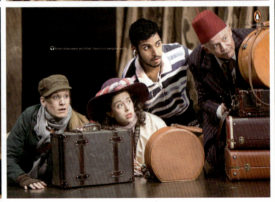

图 7-4　商业招贴《身处舞台中》

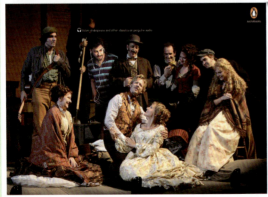

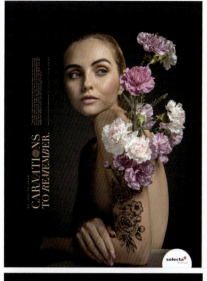
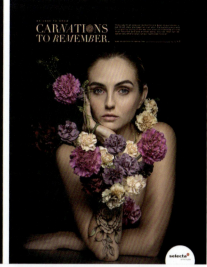
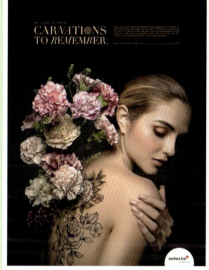
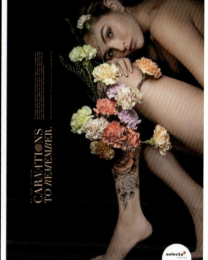

图7-5 商业招贴《被永久记忆的康乃馨》

案例赏析

1. 如图7-5，在这组Selecta Cut Flowers花店的商业招贴中，真实的鲜花与模特身体上的花卉文身图案交相呼应，由此切中主题："我们提供的花卉服务，就像文身一般被永久记忆。"

2. 优雅的黑色背景凸显了鲜花的柔和与多彩，香槟金色的文字更为画面平添了一抹华贵。

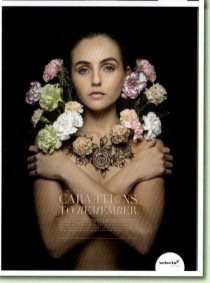

第七章 海报招贴设计综合案例赏析

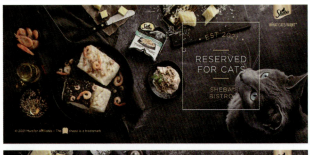

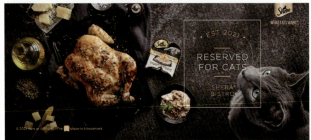

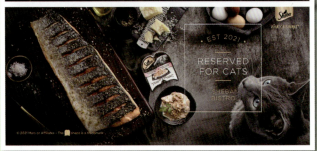

图 7-6　商业招贴《猫咪的奢华大餐》

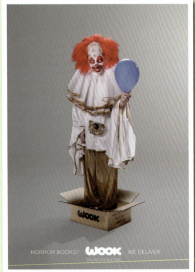

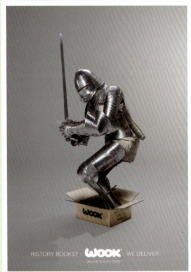

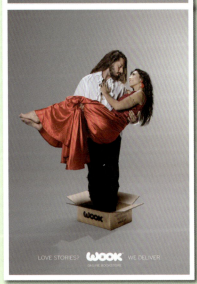

案例赏析

1. 想营造华贵、优雅、奢华的氛围，黑色背景搭配多彩的产品是一种常见的做法。黑色背景可以衬托希望突出的产品，同时保持画面在色彩上的和谐统一，而产品则发挥亮点的作用。

2. 如图 7-6，这组 Sheba 猫粮的商业招贴就采用了这种色彩搭配，奢华感十足的画面完美展现了"猫咪的奢华大餐"这一主题。

案例赏析

如图 7-7，在这组 Wook 网上书店的商业招贴中，恐怖小丑、骑士、一对恋人站在快递纸箱中，象征恐怖小说、骑士小说、爱情小说的特价活动与图书速递服务。

图 7-7　商业招贴《图书速递》

案例赏析

如图7-8,这幅麦当劳咖啡的商业招贴,以对比式构图切中主题:"早上,只要咖啡就好。"画面明净而美好。

案例赏析

如图7-9,在这组 Daniel Gagnon 速读课程的商业招贴中,马上被鳄鱼吃掉的人现学如何自救;已经跳下飞机的人现学如何跳伞;面对冲过来的斗牛,斗牛士现学如何斗牛。夸张的表现手法,幽默地切中了速读课程的主题。

案例赏析

如图7-10,在这幅 ZOL 光纤的商业招贴中,以跑速快闻名的猎豹坐在飞驰的跑车上,以拟人的手法寓意网速的极快。

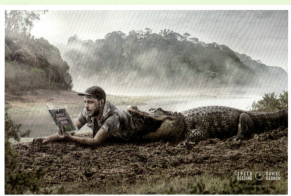
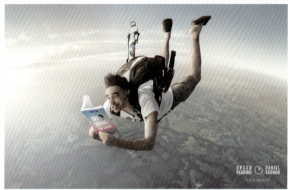
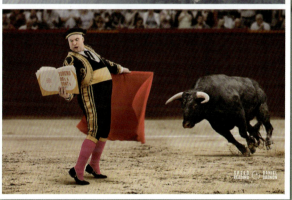

图7-9 商业招贴《现学》

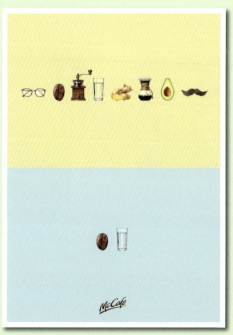

图7-8 商业招贴《早上,只要咖啡就好》

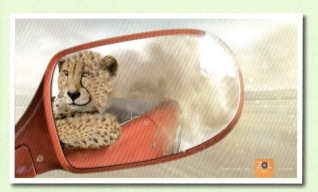

图7-10 商业招贴《快上加快》

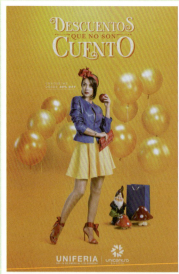
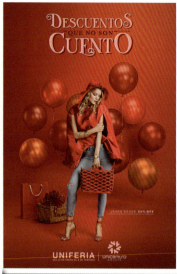
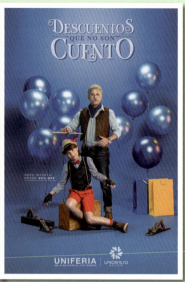
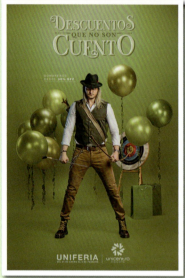

图 7-11　商业招贴《我们的打折不是童话》

案例赏析

1. 我们每一次洗涤衣服，合成纤维织物都会产生数百万塑料微纤维，它们被排入大海后，会对海洋生物构成威胁。因此，我们应尽量选择对环境危害小的服装面料，减少衣服的清洗频率，并选择低温洗涤。

2. 如图 7-12，这幅 Marevivo Italia 的公益招贴，将濒死的海豚与被拧的衣服同构，寓意不当洗涤对海洋生物的扼杀。

案例赏析

如图 7-11，这组 Uniferia 商城的商业招贴，将《白雪公主》《小红帽》《匹诺曹》《罗宾汉》等童话故事的场面，与打折商品巧妙结合，由此切中广告语："我们的打折是实实在在的，不是童话！"

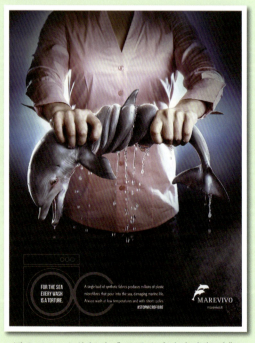

图 7-12　公益招贴《不要让洗涤变成扼杀》

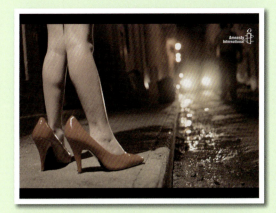

图 7-13 公益招贴《高跟鞋》

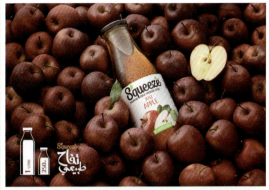

案例赏析

如图 7-13，这幅国际特赦组织的公益招贴，画面中除了该组织的标志外，无任何文字。但那双稚嫩的腿，以及踩着高跟鞋的小脚丫，无声地控诉了强迫儿童进行性买卖的罪行。

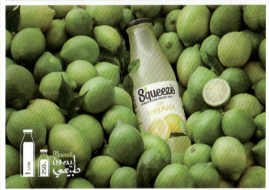

案例赏析

如图 7-14，这组 Squeeze 果汁的商业招贴，将果汁置于满满的水果中，画面色调为中明度，使得色彩欢快、醒目、抢眼而不过于跳脱。如此简洁明快的设计，受众即使看不懂画面中的广告语，也能明白它想传达的信息。

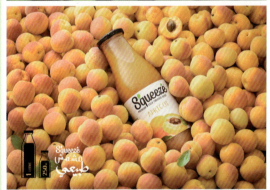

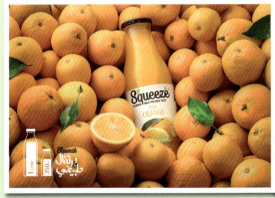
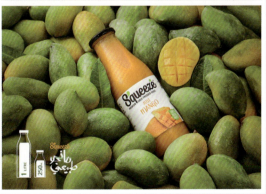

图 7-14 商业招贴《至纯》

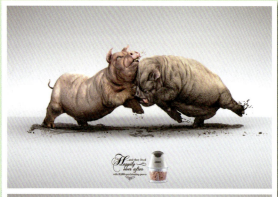

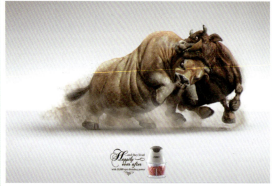

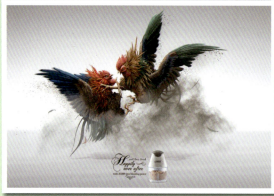

图 7-15 商业招贴《幸福的大结局》

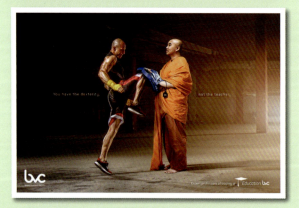

图 7-16 商业招贴《有才华的是你，不是老师》

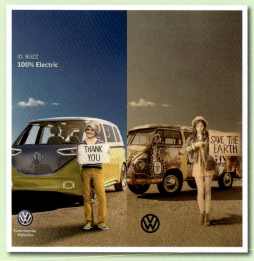

图 7-17 商业招贴《雾霾退散，天空变蓝》

案例赏析

如图 7-15，这组 OTTO 绞肉机的商业招贴，以猪、牛、鸡打斗的场面，象征绞肉机的强劲动力，广告语还使用了童话故事结尾时常用的语句："因为 20000rpm（最大功率转速）的强劲动力，它们从此幸福地生活在一起。"以此暗喻搅拌好的肉馅的细腻。

案例赏析

如图 7-16，在这幅 BVC 教育的商业招贴中，一个和尚给一个搏击运动员做教练，幽默地切中"有才华的是你，不是老师——激发你自身的才华"的广告语。

案例赏析

如图 7-17，这幅大众电动汽车的商业招贴，从版式、色彩与图形上进行了对比，由此凸显了电动汽车在环保方面的优势。

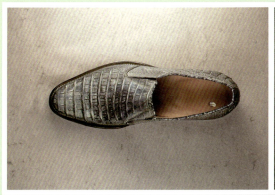
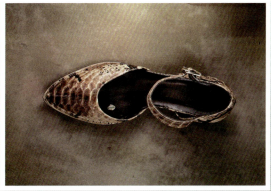

图 7-18 公益招贴《时尚》

案例赏析

如图 7-18，这组绿色和平组织的公益招贴，荣获 2008 年戛纳国际创意节铜奖、国际摄影艺术联合会（FIAP）摄影大赛银奖、2009 年欧洲平面广告奖金天使奖、2009 年克里奥国际广告节银奖等众多大奖。画面中除了该组织的标志外，无任何文字，仅靠一只皮鞋就引发了受众的无限联想：说这鞋昂贵，仅仅因它价格高吗？这背后葬送了多少动物的生命？时尚与利益值得付出如此大的代价吗？究竟是什么导致了这一切……

案例赏析

1. 塑料对海洋生物的危害，远远超乎你的想象：塑料漂浮在海面上，遮住阳光，会影响海洋植物的光合作用；容易缠绕住海洋动物的头部或肢体，使之窒息死亡或被困而死；被海洋生物误食后，会使其因难以消化而死亡；微塑料可吸收海洋中的微量元素，从而影响海洋生物链。这一切，到头来都会报复到人类头上。奥地利维也纳医科大学经研究证实，塑料已经进入人类体内。参与研究的志愿者们的粪便中，每 10 克粪便中就含有 20 片微塑料。科学家推测：全世界每人每年会吃下约 7.3 万片微塑料。

2. 如图 7-19，这组海洋守护者协会的公益招贴，将海洋生物囚塑料袋套头而垂死挣扎时的凄惨模样，触目惊心地展现于受众眼前，切中了广告语："每使用一个塑料袋，你就可能扼杀一个生命！"我们的这一小小举动，对海洋生物来说是致命的！

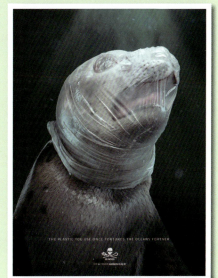
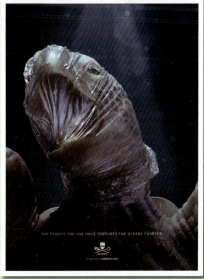

图 7-19 公益招贴《窒息》

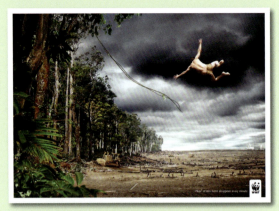

7-20　公益招贴《人猿泰山要被摔成照片啦》

案例赏析

如图7-20，这幅WWF公益招贴初看时让人忍俊不禁：因为雨林被毁，从树藤上飞过来的人猿泰山没有树木可以抓握，要被摔惨了。每分钟，全世界有15平方米的雨林消失！进一步解读出其中的警示意味后，还有哪位观者可以笑得出来？作品寓意深刻，情感互动层层递进，最终引发保护环境、停止破坏雨林的共鸣。

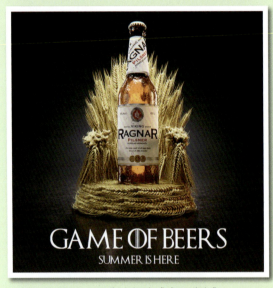

图7-21　商业招贴《啤酒游戏》

案例赏析

如图7-21，这组Ragnar啤酒的商业招贴，模仿电视连续剧《权力游戏》的宣传海报风格，用麦穗组成了宝座，颇具王者之风。

案例赏析

如图7-22，在这组Patsany发型工作室的商业招贴中，无数灭火器具对准模特，寓意"新发型让你看起来太火辣了（You are so hot）"。配合主题，画面色彩被设计得绚丽、青春、张扬。

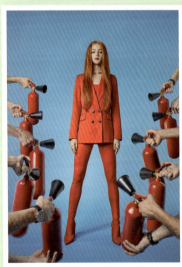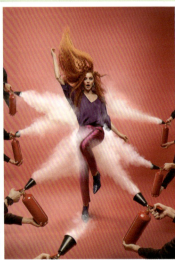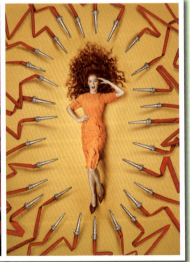

图7-22　商业招贴《火辣！火辣！火辣！》

案例赏析

梦想基金会（Dream Foundation）是一个非营利性机构，旨在帮助身患绝症的人实现最后的梦想。如图7-23，在这组该组织的公益招贴中，实现了最后愿望、含笑而终的人所处的部分被设计得色彩缤纷，与之形成对比的是痛哭的亲友所处的部分在色彩上的灰暗。这种对比引发受众对生命的意义、如何面对死亡、如何生活等问题展开无限思考。

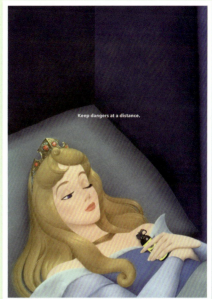

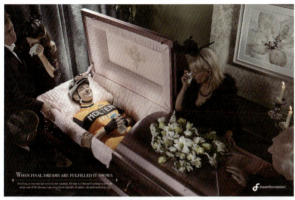

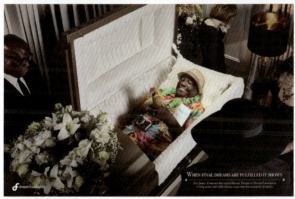

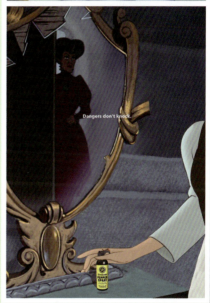

图7-24 商业招贴《胡椒喷雾》

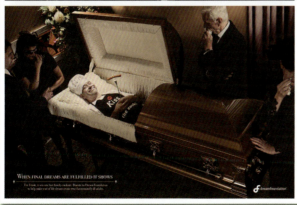

图7-23 公益招贴《最后的心愿》

案例赏析

如图7-24，这组PSP胡椒喷雾的商业招贴，将女性自身安全防护的产品卖点和迪士尼动画《睡美人》《灰姑娘》结合在一起，立意新颖。

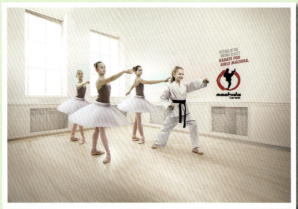

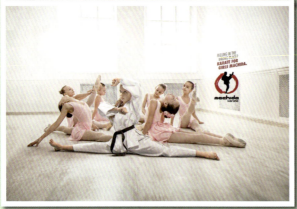

图 7-25　商业招贴《待错地方？》

案例赏析

如图 7-25，这组町田女子空手道学院的商业招贴，设计师故意将练习空手道的女孩置于芭蕾舞练习室中，由此切中"谁说女孩只能练芭蕾"的主题。如果设计师单纯展现女孩练习空手道后有多厉害，很可能就落窠臼了，这样的设计让受众眼前一亮、印象深刻。

案例赏析

如图 7-26，这组麦乐送的商业招贴，既没有展示食物的诱人，也没有展示外卖服务的快捷，而是展示了一尘不染的厨房的画面，受众自然会做发散联想：不用做饭了，更不用刷碗和收拾厨房了，终于从烦人的家务中解脱了……

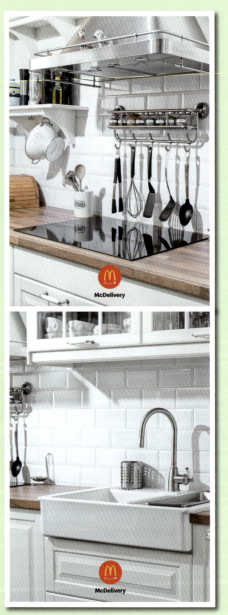

图 7-26　商业招贴《让你的厨房保持一尘不染》

案例赏析

如图7-27，在这组苏黎世联邦理工学院奖学金的宣传招贴中，爱因斯坦成了咖啡馆服务员、快递员、外卖员，寓意勤工俭学，由此引出关于奖学金的广告语："如果因为勤工俭学而影响你的成就，那就太可惜了！"

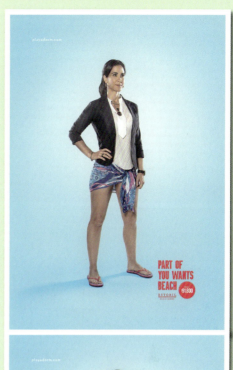

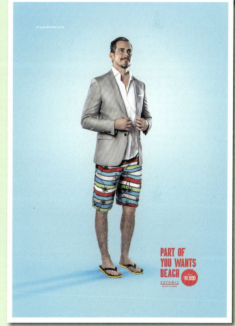

图7-28 商业招贴《你的某一部分渴望海滩》

案例赏析

如图7-28，在这组Estoril海滩公寓的商业招贴中，上身西装革履的商务人士，下身却是泳装或沙滩裤，脚踩拖鞋。夸张的手法，切中广告语："你的某一部分渴望海滩！"

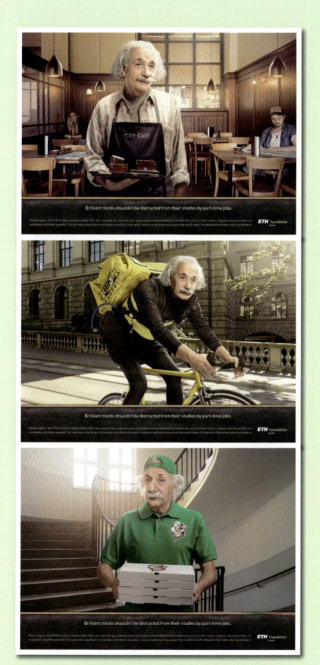

图7-27 宣传招贴《别让勤工俭学影响你的成就》

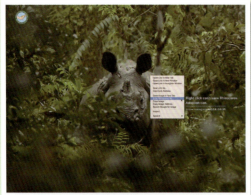

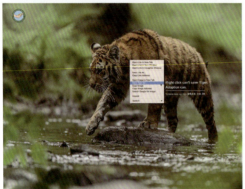

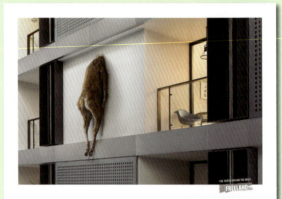

案例赏析

如图 7-30，在这组 Freeland 的公益招贴中，设计师超现实地展现了动物头部装饰背后的血腥：在那堵被装饰得很光鲜的墙后，是一条条被扼杀的生命！

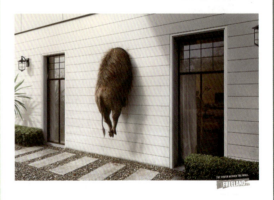

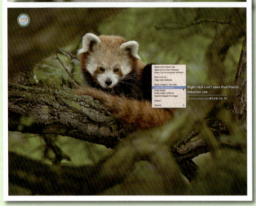

图 7-29 公益招贴《另存为》

案例赏析

如图 7-29，这组 Connected to Wildlife Conservation 的公益招贴，展现了在计算机上保存动物图片的操作场景，由此引发深层次思考：你可以在计算机上轻松保存动物图片，但你如何将真实的它们保存于自然中？

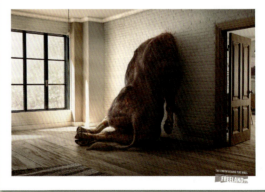

图 7-30 公益招贴《墙的背后》

案例赏析

如图 7-31，在这组 Saudi 高钙奶的商业招贴中，芭蕾舞演员出现失误，最终成为上班族；体操运动员出现失误，最终成为保洁员；跆拳道选手出现失误，最终成为仓库运输员。对比式构图与过程化的表现手法，令受众产生从天堂跌落的失落感，由此引导到广告语上："别因缺钙折断你的梦想。"

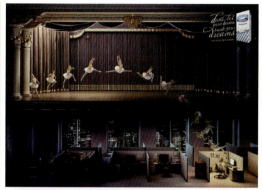
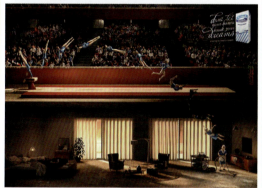
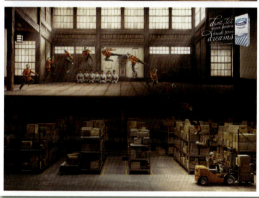

图 7-31　商业招贴《别因缺钙折断你的梦想》

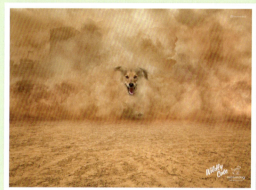
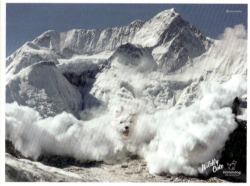
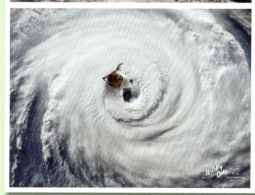

案例赏析

如图 7-32，在这组 Incrivel Dog 宠物学校的商业招贴中，撒欢奔跑的小狗的意象与雪崩、沙暴、台风气旋的意象融为一体，幽默地切中主题："它们的确超级可爱，但你永远不知它们的可爱有多大破坏力。"

图 7-32　商业招贴《具有超强破坏力的可爱》

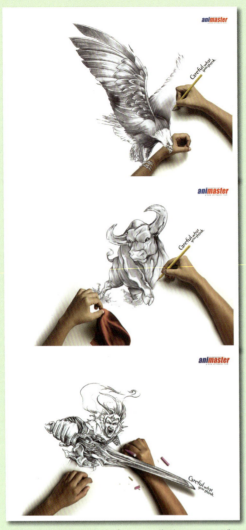

图7-33 商业招贴《当心，你的画要活了》

案例赏析

如图7-35，在这组Josefinas反对家庭暴力的公益招贴中，女性脸上和身上的伤痕成了她们的妆容与文身，由此切中"不要让家庭暴力成为时尚"的主题。

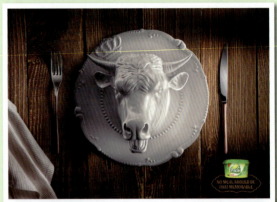

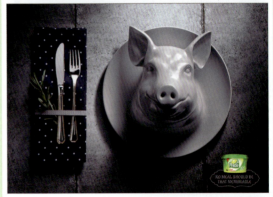

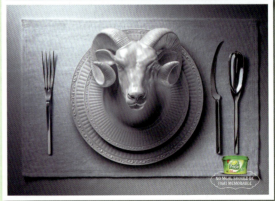

图7-34 商业招贴《不惧重油，洁净如新》

案例赏析

如图7-33，这组Animaster动漫培训学校的商业招贴，虚实结合的表现手法恰到好处地切中"你的画要活了"的主题。

案例赏析

如图7-34，在这组Pride洗碗膏的商业招贴中，牛、猪、羊的头像象征重油食物，它们与瓷器餐具融为一体，寓意可轻松去除重油。

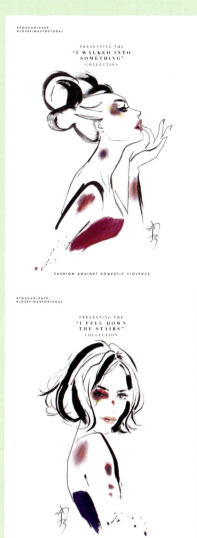
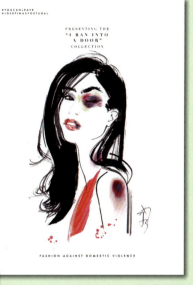

图 7-35 公益招贴《不要让家庭暴力成为时尚》

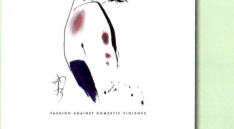

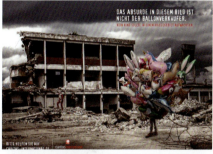
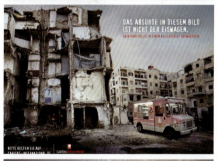
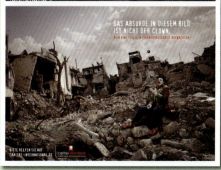

案例赏析

如图 7-36，这组国际明爱组织的公益招贴，以突出重点型构图，在战区的废墟中安插了冰淇淋车、小丑、气球等看似不和谐的元素，深刻揭示了战争对儿童的伤害，唤起人们对战区儿童的同情与帮助。

图 7-36 公益招贴《废墟中的童年》

第七章 海报招贴设计综合案例赏析 179

案例赏析

《动物星球》是主要播出向大众介绍野生动物的节目的电视频道。如图7-37，这组该频道的商业招贴，以均匀对称的构图，展现了动物们亲昵时的情景，画面温馨、和谐、安宁。

案例赏析

如图7-38，在这幅武术学校的商业招贴中，遭受欺凌的孩子脸上的伤痕与习武服装上的中式纽扣同构，寓意学习武术带来的改变。

案例赏析

下雨了，是不是不想出去买菜或就餐？如图7-39，这组麦乐送的商业招贴，将雨天窗外的景色艺术化为印象派画作，极富创意与独特的画面风格。

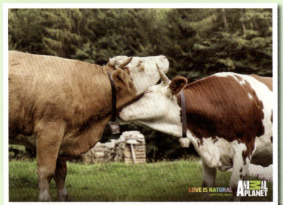
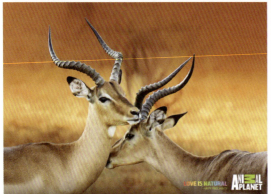
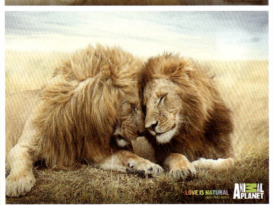
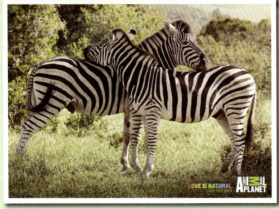

图7-37　商业招贴《相亲相爱》

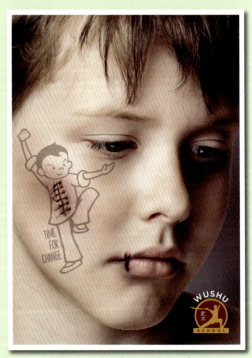

图7-38　商业招贴《改变》

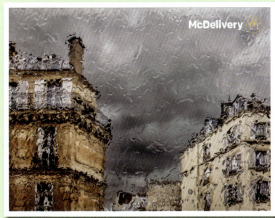
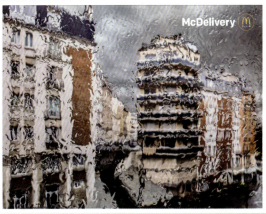

图 7-39　商业招贴《麦乐送》

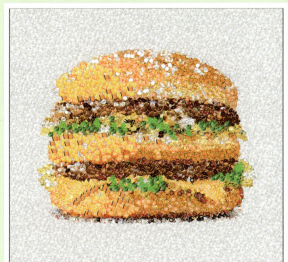

案例赏析

如图 7-40，在这组麦当劳 2020 年世界表情日的品牌宣传招贴中，无数 Q 表情就是无数个"点"，它们构成了麦当劳产品的"面"。

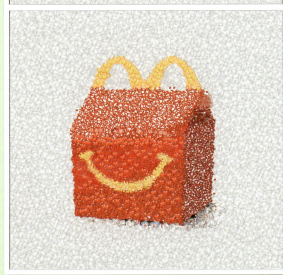
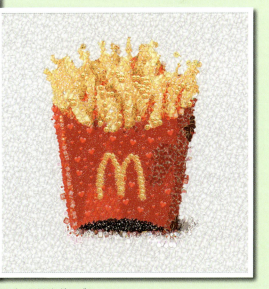

图 7-40　商业招贴《2020 年世界表情日》

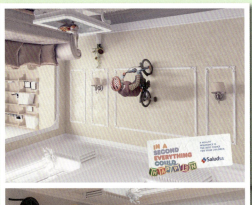

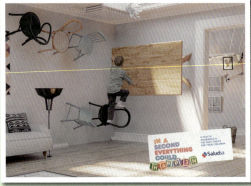

图7-42 商业招贴《一秒内,什么都可能发生》

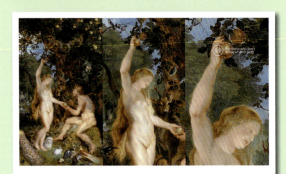

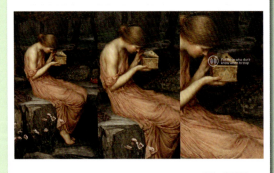

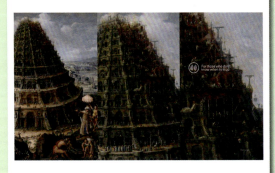

图7-41 商业招贴《专为那些不知何时停止的人设计》

案例赏析

如图7-41,这组宝马摩托车的商业招贴,以夏娃摘取禁果、潘多拉打开魔盒、巴比伦人修建巴别通天塔等圣经故事或希腊神话故事中的片段来象征"不知何时停止",由此将受众思维引导到紧急制动辅助系统的技术卖点上。虽然创意极为精彩,但如果发布环境中的受众对圣经故事或希腊神话并不了解,宣传效果就会大打折扣。

案例赏析

如图7-42,这组Saludsa儿童平安险的商业招贴,以超现实的手法切中了"一秒内,什么都可能发生"的广告语。画面色彩清新明快,符合目标受众的审美。

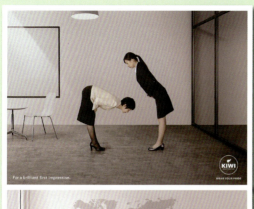

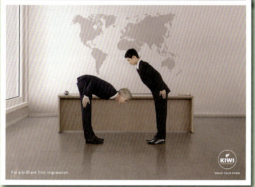

图 7-43　商业招贴《初次见面，鞋就是你的名片》

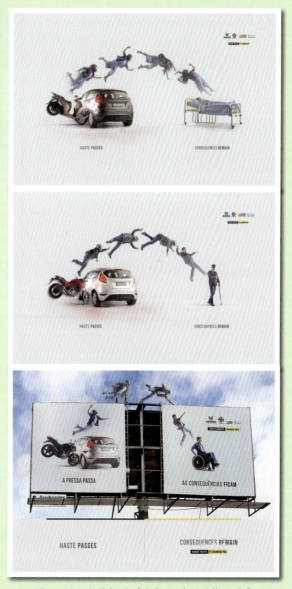

案例赏析

如图 7-43，这组 KIWI 鞋履护理的商业招贴，荣获 2018 年金铅笔广告奖金奖。初次见面的两个人相互鞠躬，其中一方夸张地鞠躬超过 90 度，直盯着对方的鞋子看，以此幽默的方式切中广告语："初次见面，鞋子就是你的名片。"

案例赏析

如图 7-44，这组以道路安全为主题的公益招贴，将对比式构图与过程化的表现手法完美结合。发布到高速公路路边广告牌上，更具警醒效果。

图 7-44　公益招贴《匆忙一秒，后悔一生》

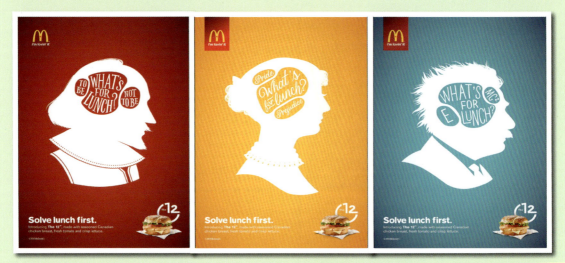

图 7-45　商业招贴《灵魂深处的思考》

案例赏析

如图 7-45，在这组麦当劳的商业招贴中，莎士比亚、简·奥斯汀、爱因斯坦这样的大师都在思考什么呢？原来在思考午饭吃什么。这几乎是每个人每天都会做的"深入思考"。简洁的名人剪影，配合醒目的配色方案，加上极精准的用户需求抓取，使这组招贴获得了极大成功。

案例赏析

如图 7-46，这幅 Viande 肉食的商业招贴，另辟蹊径，没有采用新鲜肉类画面展示的惯常做法，而是展示了一只干净可爱的小猪，软萌得让你想咬一口。温暖的配色、妙趣的场景，令人自然联想到良好的饲养环境和健康、安全、细嫩的肉类品质。

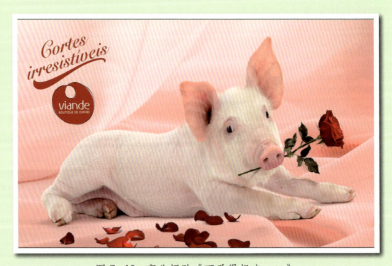

图 7-46　商业招贴《可爱得想咬一口》

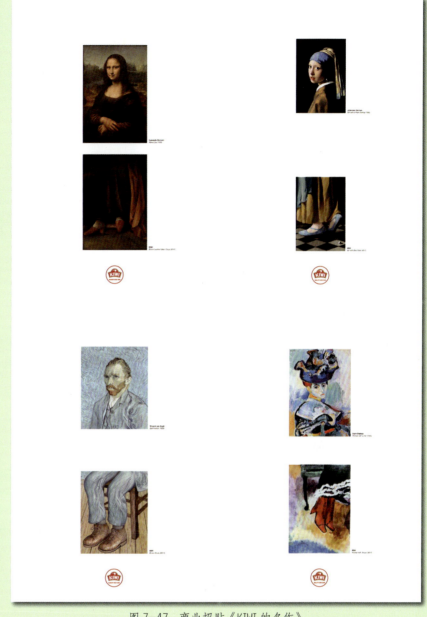

图 7-47　商业招贴《KIWI 的名作》

案例赏析

1. 上半部分，达芬奇的《蒙娜丽莎》（1503 年）；下半部分，KIWI 的《棕色木屐》（2017 年）。
2. 上半部分，维米尔的《戴珍珠耳环的少女》；下半部分，KIWI 的《穿蓝色低跟鞋的少女》（2017 年）。
3. 上半部分，梵高的《自画像》；下半部分，KIWI 的《棕色靴子》（2017 年）。
4. 上半部分，马蒂斯的《戴帽子的妇人》；下半部分，KIWI 的《穿靴子的妇人》（2017 年）。
5. 如图 7-47，这组 KIWI 鞋履护理的商业招贴，对大师名作进行了极为精彩的拓展。

参考文献

[1] 肖英隽. 图形创意 [M]. 北京：清华大学出版社，2013.

[2] 李颖. 图形创意设计与实战 [M]. 北京：清华大学出版社，2015.

[3] 董传超. 图形语言的创意与表现 [M]. 北京：清华大学出版社，2016.

[4] 秦汉帅. 图形创意 [M]. 北京：清华大学出版社，2018.

[5] 劳拉·里斯. 视觉锤 [M]. 北京：机械工业出版社，2013.

[6] 张文强. 品牌营销实战：新品牌打造＋营销方案制定＋自传播力塑造 [M]. 北京：清华大学出版社，2021.

[7] 陈根. 广告设计从入门到精通 [M]. 北京：化学工业出版社，2018.